調査報道ジャーナリズムの挑戦

市民社会と国際支援戦略

花田達朗・別府三奈子・大塚一美・
デービッド・E・カプラン
(David E. Kaplan)

旬報社

はじめに

花田達朗

1　Investigative Journalism という言葉

　「調査報道」という日本語には不完全さが付きまとう。冒頭から本書の中心概念の言葉に疑問を呈するのは恐縮ではあるが、まずは次のエピソードを紹介したい。これは早稲田調査報道プロジェクト（WIJP）の編集長に就いた渡辺周さんがかつて数年前に朝日新聞で調査報道を担当していた頃の話として、彼から聞いた母親との会話である。

　母親「あなた、最近、何をやってるいるの？」
　息子「いま自分がやっているのは調査報道というもので、いままでのとは違うんだよ。」
　母親「えっ、あなた、いままで調べないで記事を書いていたの？　記者が調べて記事を書くのは当たり前のことじゃないの？　何がいままでと違うの？」

　おそらくこれが一般の人々の語感であろう。「調査報道」と聞いたら、変な言葉だなと思う人々が大半ではないだろうか。そこが問題なのだ。仮に「業界」の人々には業界用語として分かっていたとしても、一般の人々に理解されていなければ、人々からの支持が得られるとは考えられない。

　では、その「業界」の人々の理解はほんとうに大丈夫か。かなり危ういのではないか。日本のメディアのニュースは多くが首相官邸、省庁、警察、業界団体、大手企業などの記者会見やプレスリリースが情報源で、「発表ジャーナリズム」と形容されてきた。そうではないものとして「調査報道」が位置づけられ、それは記者が記者会見や記者クラブに依存せず、独自に調査して記事を書くものだという理解が一般的ではないだろうか。自分で情報収集して、つまりリサーチして記事を書く。したがって、情報公開請求を使うなどして、どのようにして自分で情報を収集するかが課題となる。もしそうだとするなら、そういう「調査報道」は「リサーチ報道」であり、「リサーチ・ジャーナリズム」だと言えよう。日本の記者やOB・OGで、そう考えている人は

少なくないようだ。情報公開請求を悪用している人さえいる。

　ところが、英語で言っているのは、Investigative Journalismである。リサーチではなく、インベスティゲーションである。どちらも日本語で「調査」だとするならば、両者を区別することはできなくなる。果たして、インベスティゲーションとはリサーチのことではない。英語の辞書の助けを借りれば、語源として「in-(中に) + -vestig(足跡をたどる) + -ate(…する)＝中に入って足跡をたどる」と書いてある。インベスティゲーションとは、シャーロック・ホームズや「名探偵ポワロ」のような探偵が謎の中に入って、真実を明らかにしていくことであり、「はやぶさ」のような小惑星探査機が未知の領域に飛んで行って、データを集め証拠となるサンプルを回収してくることである。つまり、日本語の探査、探索、探求などに近い。「調べる」よりも「探す」のである。

　他方、「報道」という言葉にも問題がないわけではない。「報道」とは日本のメディアの歴史と現実を反映して日本独特の意味が付与されている。その独特さ(「客観報道」)に目をつぶったうえで言えば、その日本語「報道」に相当する英語はreportingだと言える。これは、着想から始まり、下調べ、情報源へのインタビュー、記事執筆、編集、発表に至るまでの全工程を指していると考えられる。この「報道」とジャーナリズムとは同じ意味ではない。ジャーナリズムはあくまで「イズム」のことだ。

　以上のことを踏まえつつも、私たちは日本で「調査報道」という言葉がすでに一定程度定着しているという現実と実績を無視することはできないという理由で、それに席を譲り、妥協することにした。現場ですでに使われていることを優先し、尊重する。つまり私たちもその言葉を使い続けていく。けれども、その意味内容については強力に再定義していきたい。用語としては、investigative reportingを「調査報道」とし、investigative journalismを「調査報道を手法とするジャーナリズム」とする。私は個人的には「探査ジャーナリズム」がいいと思っている。その調査報道とは何か、その目的は何か、それはどのような方法論で成り立つのかは、本書と同時に旬報社から刊行される、マーク・リー・ハンター『調査報道実践マニュアル――仮説・検証、ストーリーによる構成法』(高嶺朝一・高嶺朝太訳)を参照していただきたい。

　ちなみに、漢字圏の台湾では「調査報道」とは表記せずに、「深層報道」と

表記している。つまり、日本語の表記は採用されていない。これはin-depth reportingの訳であろう。in-depthは確かに一つの重要な要件である。このやり方に倣えば、「深掘りジャーナリズム」となろう。

2　日本でもこのムーブメントを

　今日どこの国でもジャーナリズムは問題を抱え、社会的な機能を十分に果たせず、分別ある公衆（読者・視聴者）を満足させることができず、批判されている。そして、世界は矛盾に満ちていて、不幸な人々がたくさんいる。ジャーナリズムはなす術がなく、無力なのか。

　そうした中で、ジャーナリストたちが再び立ち上がった。特に米国では社会とジャーナリズムの乖離がひどくなると、危機感をもつジャーナリストが「憂慮する市民」と連携して立ち上がるということを間欠泉のように繰り返してきた。今回は調査報道を旗印にして、非営利のニュース組織を結成し、ウェブ上で発信を始めた。権力の不正や腐敗、大企業や犯罪組織の悪行を探偵のように探求し、事実を暴露していくジャーナリズム活動である。それは世紀の境目の頃から一つのムーブメントへと成長し、今日ではそれがグローバルな広がりで展開されている。アジアの隣国では、韓国で2013年に、台湾で2015年に調査報道に特化した非営利ニュース組織が立ち上がり、ウェブ上で発信している。これはグローバルなムーブメントの一環であり、アジアから出された回答である。

　調査報道は、記者が独自に端緒を掴むところから取材を開始する場合、内部告発者から情報の提供を受けて、そこから取材を開始する場合、さらにビッグデータの時代にあって公開データの解析から不正の端緒を見つけて、そこから取材を開始する場合、そのデータをビジュアル化して提示することによって矛盾や不条理を明快に示し、事実に語らせる場合などさまざまな接近方法がある。後者では、今日、データジャーナリズムと調査報道ジャーナリズムはほぼ重なったものと考えられている。

　残念ながら、こうしたグローバルなムーブメントに日本のジャーナリストは立ち後れている。特に今日の日本の政治状況を見るとき、社会矛盾の深刻さを見るとき、日本のジャーナリストは何かを始めなければならないので

はないか。

3　ナイーブな権力観を捨てて

　それを始める条件は何か。私は「ナイーブな(無邪気な)権力観を捨てること」ではないかと思う。「政府はそんなに悪いことはしないのではないか」「えらい人たちはちゃんと仕事をしていて、信用してもいいのではないか」という善良な気持ちをもつ人々は少なくない。しかし、それが利用されてしまうのである。人々がそうであってほしいという淡い願望とあからさまの現実は、残念ながら、大きく異なっている。そして、それは歴史および現在の事実によって証明されている。証拠も山ほどある。それから目をそらさず、それを忘れず、直視しなければならない。

　権力は腐敗し、不正を行なう。これが歴史の真実である。なぜか。それが権力の魔性だからだ。人間や組織は一旦権力を手に入れると、権力の座につくと、二度とそれを失いたくないと考える。なぜなら、自己の主張を容易に通すことができ、他者を従わせることができるという快楽を味わい、そして大きな経済的な利益も入ってくるからである。欲望の充足と経済的な利益、これらをもっと大きくし、できれば永続させたい。経済的な利益とは単にお金のことだけでなく組織の利益でもある。

　そこで権力をもった人間や組織は、それを維持するためには何でもやる。どんな代償でも払う。政府が平気で嘘をつく。たとえば「沖縄返還密約事件」。警察が事件をでっち上げ、捏造する。たとえば「志布志事件」。検察官が証拠を改竄する。たとえば「大阪地検特捜部証拠FD改竄事件」。単に知られていないだけのことで、間違いなく昨日も今日も権力は密かに腐敗し、不正を行なっている。いま、ジャーナリストにも市井の人々にも必要とされるのは権力についての逞しい想像力だろう。

　権力の横暴や暴走、腐敗や不正には必ず犠牲者や被害者がともなう。それはあなたかもしれないし、私かもしれない。「お上に間違いはない」と信じているナイーブな人、その当人かもしれない。全員が間違いなく対象者だ。だから私たちは誰でも「疑い深さ」を養わなければならない。権力を疑う習慣を身につけなければならない。それは健全な市民的教養の一部であり、そ

れが社会を改善・改良・改革していくテコになる。

　日本のジャーナリストにも、残念ながら、ナイーブな権力観が見られる。権力への警戒心の薄い記者が少なくない。権力は鉄壁で、うわ手で、狡猾である。それだけ権力者、為政者は必死なのだ。それと対峙するには相当な覚悟と技が必要だ。調査報道ジャーナリズムはそこに明確な目的と方法論を提供するものだと言えよう。

4　本書の意義と構成

　調査報道ジャーナリズムのムーブメントが日本で起こってほしい、それを促す一石を投じたい、これが本書の狙いである。そのために次のような構成をとっている。

　第Ⅰ部で調査報道の存立条件を吟味し、日本における展望を開こうとした。第1章では市民社会と接続する形で、日本で調査報道ジャーナリズムを打ち出していくべきだと説く。第2章は調査報道の発生を米国のジャーナリズム史の中に位置づけ、その規範性を明らかにする。第3章は米国でも日本でも権力側が調査報道を強く制約する法整備をすでに構築しており、その不利な状況を見据えつつもジャーナリストに反撃していくことを求めている。

　第Ⅱ部では調査報道の国際組織GIJNのデービッド・カプラン会長がまとめた、調査報道組織のグローバルな状況とその成長を支援するための戦略を翻訳して、収録した。特に米国の大きな民間財団にもっと積極的に調査報道を財政支援するように訴えている。日本の財団や篤志家にも今後の選択肢を考えるうえで参考になるだろう。また、日本の一般市民にも調査報道を経済的に支えようという問題意識をもってもらうために参考になるだろう。

　本書が広く読まれることを願って、本書を江湖に送り出す。

[目次]

はじめに 3

第I部
調査報道ジャーナリズムの生成とその存立条件

第1章　なぜいま日本で調査報道か
　　　　　──ジャーナリズムとグローバル市民社会の接続 12

1　いま世界では調査報道のムーブメント 12
　(1)「パナマ文書」2016年 12
　(2) GIJN世界大会 2015年 14
　(3) ジャーナリストの「消される」国々 16
　(4) 大学発ニュース組織 17

2　世界的ムーブメントの構造分析 18
　(1) 技術的・社会的・経済的な環境変化への応答 18
　(2)「非営利」──ウェブのもつ思想 20
　(3)「持続的発展可能性」──さまざまな財源モデル 22
　(4)「パートナーシップ」──既存メディアとの協力関係 25

3　世界から取り残された日本 27
　(1) 権力側の攻勢とジャーナリズムの閉塞 27
　(2) 会社中心の岩盤構造 28
　(3) 疎外されるジャーナリスト 30

4　日本に変化の始まりは来るか 31
　(1) 下部構造の変容は臨界点に 31
　(2) 新しいジャーナリズム文化に向けて 32
　(3) 自己革新から革命へ 33

5　市民社会とジャーナリズムの接続の再構築 37
　(1) 日本の市民社会はジャーナリズムを必要とするか 37
　(2) 日本のジャーナリストは市民社会の必要に応えられるか 39

(3) 未知の人からの手紙 41

第2章　ジャーナリズムの基盤構造と調査報道の水脈 47
1　社会の機能不全と調査報道 48
(1)「この社会はちゃんと機能しているだろうか?」と問う人々 48
(2)「すべてのジャーナリストは、調査報道記者か?」 49
(3)「物言えぬ人々」と私たち 51
2　言論の自由：君主制から民主制への転換 52
(1)「言論の自由」思想の由来 52
(2) マスメディアの機能分化を促す三つの目的：国益、公益、利益 55
3　プロフェッション：プレスからジャーナリズムへの転換 57
(1) 米国ジャーナリズムの歩み 58
(2) プレス批判①——経営者の利益追求とジャーナリズム 60
(3) プレス批判②——国家の国益追求とジャーナリズム 63
(4) ジャーナリズムの公益性に対する市民意識の深まり 65
(5) ジャーナリズム・プロフェッションとしての基盤整備 66
4　調査報道の系譜 69
(1) マックレーカーと社会改良主義 70
(2) 新聞における調査報道の活性化 73
5　日本におけるジャーナリズムの役割 74
(1) 日本の「報道」業界の基盤構造 75
(2) インターネット社会が強みとなる国際ネットワーク 77

第3章　調査報道ジャーナリストを阻む法的障壁
　　——厚く高い日本の壁 80
はじめに 80
1　障壁はすでに築かれている 81
(1) 秘密法制 82
(2) 内部告発者保護制度 87
2　米国で起きていることは日本でも起きる? 95

(1) スパイ防止法による取材報道の萎縮 ……………………… *95*
　　(2) ジャーナリストに対する電子的監視 ……………………… *96*
　　(3) 日本にも兆しがある ……………………………………… *97*
　3　さらに深刻にする要素 …………………………………………… *99*
　　(1) 名誉毀損法制 ……………………………………………… *99*
　　(2) 情報公開法と公文書管理法の問題 ……………………… *101*
　4　日本のジャーナリズムは感度を高めて共に闘うべき ………… *102*
　5　困難な状況に対処するための提言 ……………………………… *105*
　　(1) ジャーナリズムが問題に我が事として向き合う ……… *105*
　　(2) 市民に理解してもらう …………………………………… *105*
おわりに ………………………………………………………………… *105*

第II部
調査報道ジャーナリズムを支援する国際的戦略

　1　著者紹介 …………………………………………………………… *117*
　2　はじめに …………………………………………………………… *119*
　3　要約 ………………………………………………………………… *120*
　4　範囲と方法論 ……………………………………………………… *123*
　5　概観：世界規模で広がる調査報道ジャーナリズム ………… *124*
　6　調査報道の世界地図 ……………………………………………… *140*
　7　非営利モデル ……………………………………………………… *148*
　8　持続可能なモデル ………………………………………………… *166*
　9　ジャーナリズムスクールの役割 ………………………………… *174*
　10　基準と質 …………………………………………………………… *177*
　11　観察と評価 ………………………………………………………… *181*
　12　知見と推奨 ………………………………………………………… *183*

あとがき ………………………………………………………………… *193*

第 I 部

調査報道ジャーナリズムの生成とその存立条件

第1章 なぜいま日本で調査報道か
―― ジャーナリズムとグローバル市民社会の接続

花田達朗

1 いま世界では調査報道のムーブメント

(1)「パナマ文書」2016年

　本年2016年4月4日の「パナマ文書」報道は世界の人々に調査報道の存在と威力を強く印象づける結果となった。租税回避地に法人を設立して本来支払うべき税金を逃れる、その手続きを代行しているパナマの法律事務所の天文学的に膨大なデータがリークされた。情報源からデータの提供を受けた南ドイツ新聞はICIJ[1]に協力を要請し、ICIJは世界中の400人のジャーナリストとともにデータを分析し、その成果の発表を各国メディアに託して世界中の言語で同じ日に一斉に解禁した。半年以上に及ぶ秘密の国際的な共同作業が、この調査報道を可能にした。ここには各国メディアが一つの国に帰属しているという現実およびその限界と、国際組織が国境を越えるものであるという性格とその可能性、その違いを読み取ることができる。

　日本のメディアでの報道では、世界の著名政治家を初めとした諸個人のスキャンダルとして記述される傾向、また国際報道の一種としての取り扱い方が強かったが、「調査報道(Investigative Journalism)」が調査報道という手法を用いて行なわれる「ジャーナリズム」である所以は、問題を個人のレベルでなく、社会のレベルで捉えるところにこそある。そうだからこそ、深く広い、

時間をかけた「investigation」が必要となる。その英語の概念は日本語の「調査」では捉えにくい。軽いからだ。むしろ探査、探索、探求、追求などの言葉のほうに近い。

　では、社会のレベルとはどういうことか。解禁日に合わせてICIJはそのウェブサイトに「Victims of Offshore」というアニメ動画を掲載した[2]。そこにはICIJの動機が表現されていた。なぜこの報道をするのか。何を訴えたいのか。脱税によって、それが世界中のさまざまな種類の権力犯罪(戦争犯罪を含む)や組織犯罪(人身売買など)の資金源となっており、その不正や犯罪によって多くの犠牲者が生まれているという視点が示されている。その犠牲者たちのためにこそ、この事実を暴くのだという構え方が示されている。強者の側に立つのではなく、強者の不正義の行為によって犠牲となった人々の側に立って、強者の不正や腐敗を暴露するのだという精神が示されている。それでこそ調査報道なのだ。

　強者とは権力をもつ者たちである。そういう人間と組織と制度である。権力とは他人をその意に反して従わせることのできる力である[3]。その力によって、人は支配されざるをえなくなる。その状況が意に反したものであるとき、権力の犠牲者や被害者が生まれる。現代社会において、そのような権力の代表例は政治的には国家機関(政府、議会、裁判所。政府の一角を占める警察や軍隊)であり、経済的には大企業や業界団体であり、社会的には家父長制や宗教団体など多様にかつ多数存在する。

　やはり本年4月に公開された映画『スポットライト―世紀のスクープ』(トム・マッカーシー監督、2015年制作)によっても、何が調査報道なのかということが日本の人々に明示されたと言える。米国東海岸の老舗の新聞社、ボストン・グローブ社を舞台にして、9.11の同時多発テロのあった年に起こった事実に基づく劇映画だ。カソリック教会神父たちによる児童への性的虐待の端緒をつかんだ調査報道部の5人と編集長が、資料調べによる証拠発見や被害当事者からの証言獲得を通じてその不正義の事実を暴いていく物語だ。その過程で、司祭個人の問題から教会システムの問題へと捉え方が深まっていくところ、そして教会の背後にある地域社会全体を敵に回す恐れがあったとしても犠牲者の立場に立とうとしたところに注目すべきだろう。15年前の事

実の映画化によって調査報道がいまテーマ化されたということは、実は逆にそのようなあるべき調査報道が伝統メディアの新聞において現在廃れてきていることへの抵抗の表現であり、復活へのアピールであったと読み取ることができる。

　2016年という年は、日本において、「パナマ文書」報道、劇映画『スポットライト―世紀のスクープ』やドキュメンタリー映画『シティズンフォー―スノーデンの暴露』(ローラ・ポイトラス監督、2014年制作)の劇場公開によって、調査報道というジャーナリズムの方法と形が人々に具体的に示された年として記憶されるだろう。手本が示されたことによって、「調査報道」という日本語に新たな意味づけが行なわれ、人々の間でそのイメージが一定程度だとしても共有されたと私は考えたい。すなわち、今年、「調査報道」という日本語の再定義が行なわれ、その言葉がグローバルな文脈のなかで捉え直され、自覚的に選び取られ、再獲得されていく過程を私たちは経験していると、私は考えている。そう考えたうえで、「調査」という言葉、「報道」という言葉にはそれらの言葉がもつ歴史のゆえに違和感はあるけれども、「調査報道」という言葉を今後も使っていくことにしたい。繰り返せば、Investigative Journalismとは、「調査報道」という手法を用いたジャーナリズムなのである。

(2) GIJN世界大会2015年

　「パナマ文書」報道には広い背景がある。それは突然生まれたわけではないし、それだけで終わる話でもない。昨年10月上旬、私はノルウェーのリレハンメルにいた。2年に一度開催される、GIJN[4]の世界大会に参加するためである。それは巨大な調査報道ジャーナリストの集会で、121カ国から950人が参加し、5日間に170のセッションが用意された。その熱気の中で私は多くの人々に出会った。

　昼食は会場のホテルでよく韓国の「ニュースタパ」[5]の人たちと取った。キム・ヨンジン(Kim Yong-Jin)編集長のほか10人のジャーナリストが来ていた。若い男女が多く、生き生きしている。

　セッションでスピーカーをしていたマーク・リー・ハンター(Mark Lee Hunter)さんに会いに行った。彼らが書いて、ユネスコから出版された「*Story-Based*

Inquiry: A manual for investigative journalists」を日本語に翻訳したいと私は彼に申し出た[6]。そのセッションで、彼は仮説に基づく調査報道の手法・方法論について実際に解説し、ティーチングをやって見せていた。

　コーヒーブレークに日本語で話かけられた。アレッシア・チェラントラ（Alessia Cerantola）さん。イタリアのネットワーク、IRPI[7]の創設メンバーで、東日本大震災後の取材で何度も日本に来ていたことを知った。その時には知る由もなかったが、そのころ彼女は「パナマ文書」の日本担当として分析を開始していたわけだ。日本担当にはもう一人イタリア人で、シッラ・アレッチ（Scilla Alecci）さんもいた。日本のメディアは今年になってICIJから参加を呼びかけられたそうだ。日本のことは日本人でないとできないという時代ではもはやない。福島の取材報道もそうで、彼女は今年、「*The Wave of Reconstruction: Five years after the north-east earthquake*」[8]という作品をネットにリリースした。優れたインタビューを撮っており、福島の人々は日本語の分かる外国人ジャーナリストに対して丁寧に、そして本音を語っている。おそらく、ほんとうに耳を傾けてくれる人、世界に発信してくれる人が来るのを待っていたのであろう。

　別のセッションでは香港大学新聞伝播学院教授のチャン・イン（Chan Yin）さんに会った。「あら、久しぶりね。昔、AEJMC[9]で会ったわね。そのあと香港でも。」「そうです。それが最後。あのころは独立ジャーナリズム大学院を作ろうとしていて——。でも失敗。今は大学発の調査報道プロジェクトを立ち上げようとしています。」「それ、何？　ちょっと聞かせて。」そこは研究者の国際学会ではない。だから、私にとってはチャンさんを除けば初対面の人ばかりで、みんなジャーナリストなのだ。あとは助成団体の人たちが少しだけ。

　メールでアポを取って、デービッド・カプラン（David Kaplan）会長に会った。私たちの計画である早稲田調査報道プロジェクト（WIJP）[10]について説明し、その加盟条件を打診した。彼は日本に滞在していた経験があり、ヤクザの本を書いている。「財源をどうする？　難しいぞ。私もずいぶん苦労した」と言って、「でも、日本財団はねぇー」と口を「へ」の字に曲げた。それはそうだろう。安倍首相は例年どおり今年もまた8月15日、自分の別荘近くにある、その財団の会長の別荘を訪れているのだから[11]。どこからでもお金をも

らってよいというわけではない。「調査報道ジャーナリストのネットワーク組織を作れよ[12]。それが大事だ」と彼は言った。WIJPが加盟して持続的にやっていくためには、日本に調査報道ジャーナリズムを支える広い裾野が必要だと思う。単体のニュース組織だけがあってもだめなのだ。本来は、ジャーナリストのネットワーク組織がまずあって、そこからニュース組織が立ち上がるという順番なのかもしれない。私は帰国後に、彼の書いた「*Global Investigative Journalism: Strategies for Support*」の翻訳を出すことにした。それが本書第II部に収録されている。

　ベルリンの「コレクティブ」[13]の編集長、マルクス・グリル（Markus Grill）さんがバーにいた。「どうですか、この大会は?」と、彼は私を呼び止めた。「ベルリンではお世話さまでした。初めてで、大盛況に驚いていますよ。」私はリレハンメルに来る前にベルリンに立ち寄って、「コレクティブ」とドイツのネットワーク組織[14]を訪問していた。両方からかなりの数のドイツ人が大会に参加している。グリルさんはニュース週刊誌「シュピーゲル」を辞めて、移ってきた人で、調査報道のエキスパートだ。その隣にいたネットワーク組織の会長を彼から紹介された。NDR（公共放送の北部ドイツ放送協会）で調査報道部門のトップを務めているジュリア・シュタイン（Julia Stein）さん。彼女は開会日より遅れてハンブルクからいま着いたばかり。そこにベルリンで会った事務局長が私たちを見つけてやって来た。

(3) ジャーナリストの「消される」国々

　セッションではデータジャーナリズム関係の技術的なテーマのセッションが多かった。内部告発者をめぐるセッションもいくつかあり、多くの参加者を集めていた。そして、注目されたのはアジア、アフリカ、ラテンアメリカからの参加者の多さである。つまり、そこは調査報道に携わるジャーナリストたちが逮捕され、誘拐され、行方不明になり、狙撃され、殺されている地域である。軍事独裁や権威主義政権、マフィアなどの犯罪組織によって、真実に近づこうとするジャーナリストが襲われる地域である。そのような地域で、調査報道とは単に勇気のいる仕事ではなく、命を賭けて行なわれる仕事である。あるアフリカのスピーカーは顔の前に簾をたらして、写真に撮

られることを拒絶していた。そして、彼は欧米メディアの"パラシュート・ジャーナリズム"を批判して言った。「3、4日来て、取材して、一体何が分かるというのか。欧米目線のニュースの再生産が行なわれるだけだ。現地のことは私たちのほうがよく知っている。私たちと協力して、長期にわたって取材すべきだ。共同取材しようではないか。」

そして、「アフリカの紛争地帯に武器を輸出して儲けているは誰だ。欧米ではないか」、早口で怒るように彼は話した。それは、私には「欧米のジャーナリストたちは何をやっているのだ」と言っているように聞こえた。その部屋の緊張感が高まる。米国のジャーナリストがたまらずに言った。「どうしたら共同取材できるのか。」そういう活動がまだ緒に就いていないのだということを私はその言葉で知った。だから、こういう会議が役に立つ可能性があると言えるだろう。ただ、全世界で、ジャーナリストが「消される」国が少なくないなかで、調査報道とは何かスマートなカッコいいムーブメントのことではない。それらの地域からは、助けを求めて、生き延びる手がかりを求めて、ジャーナリストたちがそこに集まって来ているのである。

(4) 大学発ニュース組織

賑やかな大会会場でディナーを取るのをやめて、一度静まり返った夜の街に出て、ワシントンD.C.にあるアメリカン大学の教授、チャールス・ルイス（Charles Lewis）さん[15]とレストランでワイングラスを傾けた。彼は同大学コミュニケーション・スクールに自ら設立した「調査報道ワークショップ」[16]の編集長を務めている。30年間の調査報道ジャーナリストのキャリアがあり、ABCニュースでレポーター、CBSのドキュメンタリー番組 *60 Minutes* でプロデューサーを務めた。そこに見切りをつけて辞め、Center for Public Integrity（1989年設立）を、そこからさらにICIJ（1997年設立）を立ち上げた創設者である。大学発ニュース組織が米国にあるのなら、日本でも作れないか。それがWIJPの着想を後押しした。私はルイスさんのようにジャーナリストではないが、大学を公共財と考え、パブリック・サービスとしてのジャーナリズムの舞台として一肌脱げるのではないかと思った。大学の軒下を借りて、調査報道ジャーナリズムをやろうとするジャーナリストがいるのであれ

ば、大学が公衆（パブリック）に奉仕する、良き機会である、と。ルイスさんの話を聞きながら、日本でもやってみる価値はあると、私は思った。私が述べるその論拠に彼は頷いた。キャリアの違うジャーナリストと研究者がお互いのエールを交換して、乾杯した。

　もう一つ、北米西海岸にはカリフォルニア大学バークレー校ジャーナリズム大学院の「調査報道プログラム」（IRP）[17]がある。ローウェル・バーグマン（Lowell Bergman）氏が所長を務めている。彼はCBSの*60 Minutes*でプロデューサーを14年間務め、その間にタバコ産業の不正を内部告発者とともに暴き、その顛末が映画『インサイダー』（マイケル・マン監督、1999年制作）に描かれた人物である。この映画も調査報道とその困難さを考えるうえで一見の価値がある。バーグマンはIRPで20年以上も調査報道のゼミで教え、同時にPBSのドキュメンタリー番組*Frontline*のプロデューサーも務めている。

　あとで財源モデルについてまとめて述べるが、ここで確認しておきたいのは、調査報道ジャーナリストとして自分たちがやりたいことのために篤志家や財団から財源を調達したうえで大学に話を持って行ったのはルイスさんであり、バーグマン氏だということである。そういう人物がいて、それを助ける経済的支援者がいるから、これは成り立つ仕組みなのである。

　GIJNの雰囲気は私にとって新鮮だった。自分たちが信念をもって選んだジャーナリストという、同じ職業の人々が世界中から集まっている。そこには独立した職能人の連帯感と友情が感じられた。それは、最後の夜の晩餐会と受賞者発表で最高潮に達する。私は彼ら・彼女らの立ち居振る舞いに感動した。自分たちの世界を作り出していた。

2　世界的ムーブメントの構造分析

（1）技術的・社会的・経済的な環境変化への応答

　前節から分かるように、調査報道とは、本来の、そして新しいジャーナリズムを求める、ジャーナリストたちのムーブメントなのである。それが、いまグローバルに展開されているということをまず確認しなければならない。これまでの記述のなかで設立年に注目するならば、ほとんどの組織がまだ

新しいことが分かる。このムーブメントはまだ歴史が浅く、ついこの間始まったばかりなのである。では、その要因は何か。技術的にはインターネットが挙げられる。その普及は1990年代にWWW(World Wide Web)の開発を取り込み、そのウェブは根本的に新しいメディア形式を提供した。社会的には、1989年のベルリンの壁崩壊と冷戦構造の終焉により加速したグローバル化が挙げられる。それを伴走するようにしてインターネットは進化した。経済的には2008年のリーマンショックを挙げたい。グローバル化とウェブ環境が出来上がっていた条件のもとで、米国におけるサブプライム住宅ローンの金融商品サイクルの崩壊に端を発する世界的な金融不況が起こった。

　米国では広告費が大量に引き揚げられていった結果、多くの地方紙が経営難に陥り、潰れた。ピューリッツァー賞を何度もとったような質の高い地方紙もそこから免れることはできなかった[18]。地方紙が一紙も存在しない地域が生まれ、そういう地域では権力監視の「番犬」がいなくなったせいで、行政や議会の汚職や不正が増えたということがあとから実証されている。ニューヨーク・タイムズやワシントン・ポストなどの有力新聞社でもジャーナリストのリストラが行なわれた。収益の悪化のなかで経費のかかる調査報道は縮小され、その人員も削減された。M&Bで新聞の所有者が変わったところも多い。投資志向の所有者になれば、編集方針や紙面の質も変化する。

　こうしたなかで、解雇されたり、やりたい仕事ができなくなったりしたジャーナリストたちはネットに活路を求めた。そこには、地方紙の若手ジャーナリストから著名新聞の編集幹部にいたるまでたくさんの調査報道ジャーナリストがいた。彼ら・彼女らは集まって、NPOニュース組織を立ち上げ、ウェブで発信を始めた。北米のそういう組織が加盟している団体がInstitute for Nonprofit News(INN、非営利ニュース協会)である。2009年に27組織で設立されたが、7年後の現在、100組織を越えている。そこには財源の透明性やジャーナリズムの使命観を主とした厳しい加盟基準が設けられており、そのうえで100以上なのだから驚く。ジャーナリストたちはそのような組織を自分たちで立ち上げ、自分たちのやりたいジャーナリズム、すなわち調査報道を、権力からも市場からも独立して、また政治的一党一派や宗教団体や広告主からも独立してやろうと考えた。

実は、米国でこのような非営利組織による調査報道という動きは、細々とではあっても、1970〜80年台から始まっていた。それを上記の技術的・社会的・経済的な環境変化が後押しし、また決定づけたということができる。こうした米国の動向に刺激されつつ、あるいはそれとはまったく独立した経緯を経つつ、今日このムーブメントは世界中に広がっている。それを観察した結果、私はその構造を三つのキーワードで捉えることができると考えるようになった。「非営利」「持続的発展可能性」「パートナーシップ」である。

(2)「非営利」——ウェブのもつ思想

　非営利を原理とするニュース組織がどうしてインターネットの上にウェブサイトとして登場するのか。そこにはウェブが可能にしてくれる思想があると思われる。WebとNon-Profitとの親和性である。従来のマスメディアはその伝達手段の所有が前提とされ、問われた。伝達手段とは、具体的には新聞なら輪転機や配達網、放送なら電波送信設備や中継局である。新聞や商業放送(民放)ではその手段は私的に所有された。公共放送では少なくても原理的にはパブリックが、国営放送では国家が所有した。資本主義体制においては、各所有者はメディアにとっての生産手段である伝達手段を購入し所有し、維持・管理・更新し、減価償却して再投資してきた。国営と公営を除き、生産手段を私的に支配して、拡大再生産し、利潤を生み出してきた。それが資本の論理であった。

　しかし、ウェブでは発信者は伝達手段＝生産手段を所有する必要性がない。無所有なのである。そのことが利潤(Profit)への強制を弱め、利潤を目的としない「非営利」(Non-Profit)を成り立たせやすくすると考えられる。と同時に、ニュース組織である以上、統治機構(政府、議会、裁判所)の権力行使を監視するというその使命からすれば、Non-Governmental(非政府)となることは当然である。つまり、いまウェブという新しいメディア形式を立地条件として立ち上がっているニュース組織が、NPOであり、かつNGOであることはある種の必然だと言える。ここにインターネットが元々もっていた「自由へのテクノロジー」という側面が活かされた事例を見ることができる。ウェブというメディア形式は所有からの自由、資本からの自由、国家からの自由

を実現する空間を生産する可能性と潜在的な力をもっているのである。

　さらに、世界的に見て、公共放送は後退局面にあると言わなければならない。かつて商業放送と国営放送への対抗原理として理論的にも実践的にも打ち出された公共放送(Public Service Broadcasting)は、さまざまな国で厳しい局面に立たされている。それは国民国家体制の中に置かれた公共放送の矛盾が克服されえず、むしろそれが悪化してきたことに起因していると考えられる。すなわち、国家権力と公共所有の関係、ナショナルとパブリックの関係、この矛盾を縮減することができず、逆に国家に従属し、ナショナリズムに飲み込まれていく傾向が強まってきたということである。日本も例外ではない。公共放送原理への夢はいまや現実の政治のなかでしぼんでしまったように見える。

　それはおそらく2001年9月11日のニューヨークの「同時多発テロ」と関係している。ベルリンの壁の崩壊やインターネットの進化は市民社会組織(Civil Society Organizations)の追い風となってきたが、9.11をきっかけとして逆風が吹いてきた。国家対非国家の非対照的な「新しい戦争」「テロとの戦い」の開始によって、国民国家は息を吹き返した。「テロとの戦い」を口実にして、市民的自由に制約を加え、公共領域に介入し始めた。「テロとの戦い」を口実とすれば、各国の政権は自らの政敵を弾圧することができるようになった。この点で、どのような体制にある国家・政府も(資本主義国家だろうが、共産主義国家だろうが)、それぞれの現体制、現政権を批判し脅かす人々や組織や勢力を「テロ」と見なすことにおいては利害が一致している。今日、各国首脳が全会一致で合意できるのは「テロとの戦い」だけであろう[19]。多くの国で国家秘密の法制度の構築や検閲の強化が伝染病のように広がり、ナショナリズムが高まってきた背景がここにある。

　9.11以降、国家は暴力装置の独占(国家だけが武器を持つことが許され、警察と軍隊を組織することができる)のみならず、情報流通コントロールの独占(国家だけがどの情報が流通してよいかを監視し決定することができる)をも手に入れようと動き、それを強化していると言える。だからこそインターネットの自由の保障がグローバル市民社会[20]にとって重要な争点になるのだ。

　そうしたなかで、ウェブ上の「非営利」という選択は新たな可能性を提供

していると言える。しかし、それはまだ可能性でしかない。それが世界のコミュニケーション構造を変えていく力となるかどうかは、その可能性を活かそうとする実践と戦略にかかっている。

(3)「持続的発展可能性」——さまざまな財源モデル

今日、さまざまな国でさまざまな条件下で立ち上がっている「非営利ニュース組織」にとっての共通課題は、「持続的発展可能性」(Sustainability)である。調査報道をやろうという人々は十分にいるので、それらの人々を十分に訓練するという課題はあるとしても、持続的な発展を担保する資源として最も重要なのは財源である。実際に機能している財源形態を見ると、大きく分けて、三つあると言える。

第一は財団からの助成金である。特に米国では多くの巨大な財団が存在し、さまざまな社会的分野に助成金として資金を提供している。その資金の出所は大口の寄付金である。ビジネスで資産を築いた人々は老後にそれを社会還元しようという文化がある。すなわち、篤志家による慈善事業(フィランソロピー)の文化である。また、資産家でなくても、個人で趣旨の合う財団に寄付をする人々は多い。国家に何でも取り仕切られるのでなく、私人および民間の主導権を積極的に尊重するという建国以来の文化や、キリスト教の影響もあるだろう。しかし、それは単に文化の問題なのではなく、寄付を誘導する税制があるということが重要だ。すなわち、寄付することに経済的動機が働くようにできている。米国では慈善事業や教育分野への寄付は控除率が100%である。おそらく世界で唯一であろう。

大きな財団はそれぞれに方針をもっていて、多くは環境や人権や教育や貧困などの問題に多額の資金を投じている。その全体でのシェアは少ないとしても、ジャーナリズムにも、特に調査報道にも助成金を出す財団がいくつか存在する。社会を改善する仕事の一つとして評価しているからだ。米国の非営利ニュース組織の成功例である、「プロパブリカ」[21]も財団助成金で成り立っている事例である。先に紹介した二つの大学発ニュース組織も同様であり、またそのようなニュース組織のみならず、先のINNなどの多彩なネットワーク組織、さらにはICIJやGIJNなどの国際組織も同様である。もちろん

限られた資源をめぐって、獲得競争は厳しい。したがって、その申請書を書き、財団の担当者と接触し、獲得までの努力をする資金調達係（ファウンドレーザー）は重要で、専門職として成立している。非営利ニュース組織やネットワーク組織はそのようなスタッフを雇用しているのである。

　第二の財源は個人からの大口寄付金で、それをニュース組織の設立基金としている。事例としては、米国なら先に述べたバーグマン氏の大学発ニュース組織がある。これはレヴァ・ローガン、デービッド・ローガン（Reva and David Logan）夫妻の寄付を受けて設立された。デービッド氏個人から設立時の寄付金は50万ドルだったという。夫妻の財団からもバーグマン氏の冠教授ポストの人件費やPBSの*Frontline*の制作費への援助が支出されてきた。夫のデービッド氏はシカゴの投資銀行家で、妻のレヴァ氏は教師。夫妻は2007年にシカゴ大学に教育機関としての美術館建設の費用も寄付している。デービッド氏は2011年に亡くなった。

　ドイツの「コレクティブ」は、アンネリーゼ・ブロスト（Anneliese Brost）夫人からの寄付金を彼女の個人財団を経て受け取ることになり、その決定を受けて設立された。私がベルリンで聞いたところでは、寄付金総額は300万ユーロ（当時の為替レートで換算して、約4億3000万円）で、それで3年間の存立保障が与えられたという。夫人は、夫であり、エッセンのあるルール地方を中心とする広域圏新聞であるWAZの社主であったエリッヒ・ブロスト（Erich Brost）氏の死後、その遺産で個人財団を設立した。彼はナチス時代に追放されたリベラルなジャーナリストで、戦後西ドイツに帰国して占領軍の認可を受けてWAZ紙を発行した。ドイツの英米仏占領地域では共通の政策により戦前の新聞はすべて廃刊された。新聞を出したい者は申請して、審査を受け合格すれば、認可を得て新聞を出すことができた。

　隣国の台湾では、昨年の2015年12月にNPO「報導者 The Reporter」が発信を開始した。同年9月に設立されたが、その設立資金となったのは、IT企業の社長、童子賢氏の1000萬元（約3000万円）であった。それをもとにさらに寄付金を募り、基金総額を増やして、発信へと漕ぎ着けた。「財団法人報導者文化基金会」が寄付金を受け入れ、それを「報導者」の運営経費に充てるという仕組みを採っている。

第三の財源モデルは寄付型個人会員制の会費である。世界の中でこの方式の成功例が、先述の韓国の「ニュースタパ」だと言える。メディアを解雇されたジャーナリストなどによって2013年に設立され、小型ビデオカメラ2台と編集用パソコン1台で、労働組合事務所の一室に間借りしてスタートした。ここは広告も入れず、大口個人寄付もなく、ひたすら個人の支援会員の月極寄付金で賄われている。これは会員だけが見られるという会員制サービスではなく、サイトは誰でも見ることができる。キム編集長の、GIJNでのプレゼンによれば、寄付会員数は3万5000人。月額寄付10〜20ドルの会員が一番多く、2014年のデータでは年間収入は450万ドル（約4億5000万円）。寄付は、サイト上で月額1万ウォン（約1000円）から5万ウォン（約5000円）の5段階とそれ以上の額の6項目から選択して、銀行自動振込によって行なわれる。注目すべきは会員の年代層で、30歳台が30％、40歳台が42％、50歳台が12％であり、30〜40歳台だけで約4分の3が占められている。2016年10月に会員数は4万人を越え、増え続けている。この安定収入により、現在編集長以下、専任スタッフを約40人かかえて、活発な調査報道活動をし、スクープも放っている。その中心にあるのはウェブでの毎週30分間の調査報道ニュースショーである。そのほか多様なプラットフォームを使って、多彩な様式でコンテンツを発信している。

　大口個人寄付金で設立資金を賄った、ドイツの「コレクティブ」も台湾の「報導者」も将来の安定財源としては寄付型個人会員制を目指すと言っている。「コレクティブ」では2万名を目指すと語っていた。それは米国のような大型財団の豊富な資金力を所与の条件として考えることのできる国とできない国との違いと言えるだろう。確かに個人大口寄付者や大型財団に依存することは、その意志の継続性や助成金獲得の連続性に保障がなく、将来が不安定である。それに対して、寄付型個人会員制の会費を財源とすることは、そのコンテンツが多数の支援者から支持されるかぎり、あるいは多数の支援者から支持される作品を提供し続けることができるかぎり、安定していると言える。つまり、無名の一般市民、市井の人々に支えられることが長期的には最も接続可能性があるということになろう。それは、結果的には購読料に近いものに見えるかもしれないが、しかし寄付者はコンテンツを自分の利用

のために買っているというよりも、そのNPOの活動によって生まれる社会的効果を支援して寄付をしているのだから、購読料とは意味が違うと言わなければならない。

　世界中で、それぞれの国の、政治や文化を含めた立地条件のなかで、それぞれの組織がその存続の「持続的発展可能性」を求めて、試行錯誤している。ジャーナリスト同士が国境を越えて結び付き、模索し、努力している。経験と智恵を交換している。日本でも同様にその試みがジャーナリストたちによってなされるべき時であろう。その力量が問われる。

（4）「パートナーシップ」——既存メディアとの協力関係

　非営利で、ネット上のウェブを使った、ニュース組織は決して既存の伝統メディア（新聞、雑誌、テレビ、ラジオ、映画）に対抗したり敵対したりしようとしているわけではない。むしろ逆で、相互に補完しようとしている。補う関係に立とうとするからには、伝統メディアとは別のこと、伝統メディアがやらないことをやらなければならない。私が会った、そのようなニュース組織のジャーナリストたちはその補完関係を「パートナーシップ」や「コラボレーション」という言葉で語っていた。つまり相互に足を引っ張り合うような関係ではなく、相互に協力し合う関係である。日本ではメディア同士の足の引っ張り合いが茶飯事で、読者や視聴者として嫌気の差す思いをよくさせられるものだが、調査報道の大義に立つなら、そんなことを言っているひまはないはずだ。権力監視のためには、権力を共通の相手として、権力に対しては連帯していくべきだろう。ジャーナリストは「同業者」「同僚」に対してお互いに敬意を払うという、一つの文化が必要である。プロフェッショナリズムというイズムはそのような文化を背景にして成り立つものではないか。

　ベルリンの「コレクティブ」でグリル編集長は「調査報道は時間も金もかかるから、お互いに協力することが重要だ」と言った。「コレクティブ」は調査報道の記事を地方紙に提供している。「コレクティブ」は調査報道に特化しているので、それができる。調査報道に陣容を十分に割けない地方紙にとっては、調査報道への読者の関心とニーズを満たせることになる。他方、地方紙に「コレクティブ」の署名入りで記事が掲載されることで、「コレクティブ」

の存在は広く知られ、知名度は上がる。そうすればニュースサイトの閲覧者も増える。また、「南ドイツ新聞」とは、あるテーマについて共同取材を行ない、成果が出れば、それぞれの作品を作って、それぞれのメディアに同じ日に掲載するということをやっている。そうすれば、そのテーマが複数のメディアで同時多発的に争点化され、議題設定されるわけだから、ジャーナリズムとしての威力は増すことになる。そのテーマで取り上げられた政治の関係者たちはそれを無視できなくなる。このようなパートナーシップはほかの新聞とも、また「シュピーゲル」のようなニュース週刊誌とも、さらには公共放送の「北部ドイツ放送協会」（NDR）とも行なわれている。ドイツでは地方分権制のもとで各州に放送協会があって、それらが連合組織ARDを作り、他方それとは別に全国ネットだけのドイツ第2テレビジョン（ZDF）があり、公共放送は2系統ある。NDRにはARDの全国ネットニュース「ターゲスシャウ」の編集局が置かれており、そことも連携しているのである。

　2016年7月以来、「コレクティブ」の調査報道は、製薬会社が全国の開業医に金を渡している実態のデータを公開し、医師の処方箋が歪められおり、患者はベストの薬を処方されていないという現実を明らかにした。この報道はほかの既存メディアにも次々に掲載されていった。この製薬マネーをめぐる調査報道はもともとニューヨークの「プロパブリカ」が行なった "The Doctors and Drugs in Medicare" のドイツ版と言える。アイディアに国境はないので、このような種類の連携も進んでいる。すべては、不正によって生まれる犠牲者や被害者を救うために、事実を暴露していくということである。

　米国の大学発ニュース組織においても、既存メディアとの連携が行なわれている。アメリカン大学「調査報道ワークショップ」では、学生たちがレポーターやリサーチャーとしてPBS（公共放送システム）の*Frontline*の番組スタッフと一緒に番組を制作し、それが*Frontline*で放送される。ワシントン・ポストとも同じような形で、学生との共同プロジェクトを組んでいる。過去3年間で8本の調査報道企画がワシントン・ポストに掲載されたという。そのほかさまざまな形態のパートナーシップがいろいろなメディアとの間で組まれている。カリフォルニア大学バークレー校「調査報道プログラム」もPBSの*Frontline*のほか、ニューヨーク・タイムズやロサンジェルス・タイムズなど

の新聞とパートナーシップを組んで、それらのメディアに作品を掲載している。このように、放送ではドイツのNDR、米国のPBSというように公共放送が新興の調査報道ニュース組織とパートナーシップを結んでいることが注目される。

　はたして日本にこのような「協働」(コラボレーション)の文化はあるのだろうか。いや、作っていけるのだろうか。

3　世界から取り残された日本

(1) 権力側の攻勢とジャーナリズムの閉塞

　「国境なき記者団」(RSF)[22]は、「国境なき医師団」(MSF)と同じくフランス人の発案で作られた国際NGOである。情報の自由、表現の自由を擁護するために活動している有力な国際NGOの一つで、国連やユネスコや欧州評議会で諮問組織の地位をもっている。逮捕や起訴などさまざまな形で抑圧されているジャーナリストやメディア従事者を直接助けること、ジャーナリストを危険や迫害から守ること(2015年だけで67人のジャーナリストが殺害されているという現実がある)、報道の自由(Press Freedom)を制限する法律に反対するキャンペーンを張るとともに検閲と闘うこと、戦争や紛争地帯でのジャーナリストの安全のための措置を取ることなどの活動をしている。政治的権力や大企業などからジャーナリストおよびメディアの独立を守るという目的をもって、詳細な指標計算に基づく「世界報道の自由インデックス」を毎年公表している。今年2016年は4月20日に公表された[23]。それを見ると、世界的な傾向では、2013年以来3年間でスコアーが13.6%下がっており、全体的に悪化傾向がはっきり出ている。原因として、権威主義的政権の数が増えてきたこと、国営メディアでの政府の統制が強まっていること、各地でジャーナリストの安全が脅かされていることなどが挙げられている。

　そして、各国別の指標を見ると、フィンランドが1位。これは表現および情報の自由が保障され、その自由を行使したメディアおよびジャーナリストによる権力監視が機能しており、政府活動の透明性が高いということを意味している。つまり、順位が高いほどジャーナリズムが機能している国だと

いうことになる。日本の指標は世界180カ国中の72位で、前年よりも11位下がった。2010年には11位だったので、この6年間に急落した。つまり民主党政権から第二次安倍政権の間に急落したのである。何が作用したのか。言うまでもなく、特定秘密保護法の成立である。この法律は政府の透明性に秘密の膜を張ることを狙っている。政府活動は税金で賄われているにもかかわらず、納税者に政府が何をやっているのか見えなくしようとしているのである。権威主義的政権[24]が採用する政策の特色だ。そして、その法律は米国との秘密情報の交換を円滑に行えるための条件整備の一つであった。

　そのような権力側の攻勢に対して、日本のメディアとジャーナリストはどうか。顕著な現象は「忖度」という独特の心性が深く浸透していることである。「忖度」とは結局、怯懦と怠慢と自滅にほかならず、そこに「自主規制」という名の自己検閲が成立して、ジャーナリズムは自分で自分の首を絞めるという閉塞状況に陥っている。表に現われたケースを見ると、番組からの降板を強いられたのに、当該のキャスターたちは揃って、自分はいままで政治的圧力を受けたことはなかったと、降板の挨拶で述べている。そして、「自主規制」が広がっていることを心配していると付け加えて、ほかの人々には警鐘を鳴らす。そういう自分の言葉の矛盾に向き合うこともなく、自分だけできるだけ無傷で去ろうとしたように見える。そこに闘いはない。そこに危機の深さがある。権力側の大成功である。降板の弁でそう言わなかったキャスター、自分は「ジャーナリズムとしてのインタビュー機能」を果たそうとしてきただけだ、自分のやるべきことをやってきただけだと述べたキャスターだけが信頼できるのではないかと思う[25]。

(2) 会社中心の岩盤構造

　「自主規制」は単独にあるのではなく、構造的な背景をもっている。それは日本独特の「会社」という共同体を中心にして作り上げられた岩盤構造である。日本の会社はカンパニーなのではなく、一種のコミュニティなのである。メディア企業もこの「会社」にほかならない。これは周知の事実なので、ここで詳しく説明する必要はないかもしれない。この構造の上にできているものを人々は「マスコミ」と呼んでいる。関係するあらゆる用語や概念はこの会社

中心の構造から導き出され、意味が付与されている。この「会社主義」の現象形態については、前に列記したことがあるので、それを引用しておきたい。

> 「日本ではメディアおよびジャーナリズムにおいて会社原理、会社主義が極めて強く、すべてが会社という単位の中で取り仕切られ、コントロールされている。PRCやいわゆる『第三者機関』も同様にその原理の中にあり、会社単位で置かれており、日本メディアの『会社システム』の補完物にほかならない。日本にはジャーナリズム機関全体が担うプレス・カウンシルもなく、プロフェッションとしての個人加盟の職能組織・団体・組合もなく、米国のAEJMC（米国ジャーナリズム＆マスコミュニケーション教育学会）のようなジャーナリズム学会もない。ないない尽くしなのである。あるのは、正社員中心主義（フリーランスの排除）、流動性の欠如（マイ会社に留まる終身被雇用）、記者クラブ制度（ムラ社会・村落共同体の因襲）、編集権声明（冷戦構造の残滓と会社原理への転用・補強）、自主規制（業界制定倫理綱領と内面化された自己検閲の忖度構造）、企業別・企業内労働組合（マイ会社のファミリー意識）などである。」[26]

これらの一つ一つが岩盤構造の構成要素である。それらの構成要素はそれぞれが日本独特であり、世界的に見て珍種なのである。それらがお互いに支え合っているので強固である。このメディアの岩盤構造の最大の問題は、ジャーナリズム機能が十分に発揮されていく土台とはならない、なってはこなかったということである。仮にその独特の構造のもとで、ジャーナリズム機能が発揮されるのであれば、そのユニークさを世界にアピールできるだろう。しかし、どこにそのような証拠があるだろうか。現実には、それらの要素はジャーナリズムの機能と活動に対してすべて抑圧的に作用している。会社主義メディアと本来のジャーナリズムはもともと適合不全なのだということを踏まえなければならない。さらに問われなければならないのは、それらを改善したり是正したりしようという動きがどこにあるかということである。

この会社主義メディアに占拠されたジャーナリズムを改善する、一つの具体的な入り口、試金石は、組織ジャーナリスト（「マスコミ」の会社員ジャーナリス

ト)とフリーランス・ジャーナリストの間の絶壁のような壁をどれだけ低くして、垣根をどれだけ取り払うことができるかという点であろう。世界のジャーナリズムにおいてはフリーランスが常態であって、そのなかから契約関係で特定メディアに常勤化されるジャーナリストが出てくるのである。ジャーナリストは契約関係でメディアを移っていくのが普通の姿である。

(3) 疎外されるジャーナリスト

　基本的なことだが、ジャーナリズムとは「マスコミ」のことではない。ジャーナリズムとは、その名のとおり、一つの「イズム」である。「イズム」とは何かを中心にした価値意識であり、思想である。「ジャーナル」という同時代を記録する媒体とそれを舞台とした活動に価値を置く思想である。思想の実践者が「イスト」であるなら、ジャーナリズムという思想の実践者が「ジャーナリスト」にほかならない。その場合、現代社会の実態ではその実践が専門化して職業化しているのだが、原理的には誰でも実践できる思想である。ただし、それは誰にでも開かれているという意味であって、誰でもができるということではない。その思想の原理や使命や倫理を理解し、その思想に添った行為の遂行能力を備えていなければならないからである。

　ジャーナリズムの行為主体、その実践の当事者はジャーナリストである。では、日本においてはそのジャーナリストに当事者能力があるのだろうか。当事者として行為することのできる条件と環境があるのだろうか。人間は仮に「イスト」になる意志があっても、その存在条件と環境がなければ「イスト」にはなれない。上記の「会社主義」による岩盤構造が、ジャーナリストが当事者になることを阻んでいるのである。「マスコミ人」になる、メディア企業の会社員になる、サラリーマンになることはできても、ジャーナリストにはなれない。つまり、日本ではジャーナリストが疎外されているのだ。当事者のはずなのに、外されているのである。「マスコミ」とはジャーナリストの疎外形態だと言うことができる。

　しかし、問題は当事者に自己疎外の認識があるかどうかである。この場合、その当事者とは集合的に見て、である。ジャーナリスト集団が、自分たちが本来は主人公なのに、現実には主人公から外されていて、別の何者かが主

人公になって、自分たちを取り仕切っているという意識や認識をもっているかどうか。もしそういう集合意識が醸成されるとすれば、自己疎外からの解放の展望はありえよう。立ち上がって、自分たちが主人公となれる環境条件を求めて、闘えばよいのだ。そういう芽や動きはどこにあるだろうか。しかし、そもそもそのような能力や力量があるのだろうか。ここでも沈黙と順応が支配しているのであれば、外から誰も助けることはできないだろう。

4　日本に変化の始まりは来るか

（1）下部構造の変容は臨界点に

　メディアとはコンテンツを生産し分配する機能をもったシステムであり、ジャーナリズムとはそのコンテンツを創造する精神活動であると考えることにしよう。その意味で、メディアは下部構造に属し、ジャーナリズムは上部構造に属する。日本のメディア・システムは戦後の経済成長および技術革新とともに発展してきたが、今日ではその構造において発展の飽和点に達し、すでに退潮期に入って、時が経つ。新聞発行部数およびテレビ視聴率の継続的な減退がそれを明瞭に物語っている。これは二度と元に回復することはないだろう。その下部構造の上に載っているジャーナリズムは権力監視などの社会的機能を十分に果たしているとは言えない。先述の「世界報道の自由インデックス」での順位がそのことの一つの指標である。

　一般論から言って、システムは外部環境の変化のなかで外部環境とのギャップやミスマッチを生み出してくる。そのときにシステムは環境への適応のために自己調整過程に入る。それが遅れて現状のままに固定化されると、システムは活力を失い、やがて淘汰され、死んでいく。優れたシステムは適切な時期に適切な決定を下して、自己革新（イノベーション）を遂げていく。

　マスメディア・システムも例外ではない。日本のメディアはそのシステムの現実・実態と何かとの間で断絶や不一致を抱えており、それが拡大している。その何かとは主に二つある。一つは、戦後のメディア下部構造に条件づけられて存在してきたのが「マスコミ」様式であるが、その生産力がデジタル化やウェブの登場で大きく変わってきたにもかかわらず、「マスコミ」は決

定的には変化せず、その変化の速度が極めて遅いことである。デジタル化によりハードとソフトの分離が生まれ、さらにそのソフトがコンテンツとアプリケーションの分離へと進んで、生産力のところで大きな変化が生じているのに、「マスコミ」は伝統的なハードとソフトの一致モデルを墨守しようとしている。柔軟にならずに、固定的なままなのである。もう一つは、新しいコンテンツ生産力が生まれているのに、それを活用した新しいジャーナリズム形式が生まれようとしていないことである。現状では、変化すべき必然性があるのに、そして変わらざるをえない臨界点にすでに達しているのに、現実の変化が起動しないのである。日本語という障壁に守られた島国という市場条件のもとで出来上がった構造が、今では逆に足かせになって、変化を遮っていると言える。そのためいま日本のジャーナリズムはナショナルな枠組みの中で閉塞状況にある。

　変わらざるをえないとしても、もちろん問題は変わる方向だ。変化が起これば、どのような方向にも変わりえるだろう。いまはその前夜、その岐路に立っている。そういう現在の矛盾状況から目をそらさず、問題の先送りをせず、危機意識をもって、システムとジャーナリズムの将来像を選択すべきときだと思われる。重要なのは、正確な現状認識と危機意識に導かれて、理念を掲げてビジョンに向かって事態を変えていくことである。その際重要なのは、メディア・システムという供給側から見るのではなく、システムの出力の受け手である需要側、つまり社会の側から見ることであろう。

(2) 新しいジャーナリズム文化に向けて

　ジャーナリズムは、それにとっての下部構造に対して、その構造が変動するなかで、新しい文化の形成をもって応えなければならない。ジャーナリズムにとっての環境条件である下部構造の変動開始を奇貨として、新しい文化的様式を誕生させようという戦略を駆動させるということになる。変動開始が起こらないのなら、それを誘発しなければならない。その新しい文化とは理性的で、論争的で、闘争的な文化である。

　この考え方は、下部構造が上部構造を規定するという過去の関係式を転

倒させて、文化をも生産力に数えよう、勘定に入れようというものである。新しいジャーナリズムの生産様式を作り出し、新しいジャーナリストの生産文化を作り出すということになる。

　レイモンド・ウィリアムスが言うように、文化がway of life（生き方）なのであれば、そのwayとは誰のwayなのか。「ジャーナリズム文化」におけるwayとは、つまりはジャーナリストのwayである。それは疎外されたジャーナリストに甘じるのではなく、ジャーナリストの当事者主義、つまりジャーナリストを主人公に返り咲かせるという立場に立っている。ジャーナリストがどういう生き方をするのか、どういう生き方を選ぶのかという問題になる。それは個人の問題であるとともに、職能集団にとっての集合的な問題である。

　その生き方がジャーナリズムの生産力となり、その生産力が組織化されてジャーナリズムの生産関係となる。そこに新しい下部構造が立ち上がってくる。そこでの生産関係は資本所有（産業組織）でもなく、公共所有（公共メディア）でもなく、自由結社であり、アソシエーションである。つまり、非営利の自律組織、NPOである。

　生産力文化としてのジャーナリズム文化、文化生産関係としてのメディア・アソシエーションのもとで、それらの照応関係として新しい文化生産様式が生まれるはずだ。それが今日の世界の中で、ウェブ上で展開する「非営利ニュース組織」による文化生産様式であり、その使命は利潤の最大化でも国民意識の維持・拡張でもなく、資本と国民国家（ネーションを基礎にした共同体であり、その統治機構）から自立した市民社会の擁護である。

（3）自己革新から革命へ

　アメリカン大学「調査報道ワークショップ」編集長のルイス氏は、2010年に「新ジャーナリズム・エコシステム」（New Journalism Ecosystem）という言葉を初めて使った。そういうエコシステムが成長しているという表題で、米国の60の非営利ジャーナリズム組織の実態調査をまとめた[27]。60の組織に658人の専任従業者がおり、そのうち67%はプロフェショナルなジャーナリズムの経験者であった。つまり商業ジャーナリズムから非営利ジャーナリズムに移ってきた人たちだと言える。年間予算額については、アンケートのその項

目に回答しなかった11組織の分を推定額で含めるならば、全体で8000万～8500万ドルになると算出した。2016年6月には、このエコシステムが世界中で成長しているとして、米国以外の世界の70組織の実態調査を公表した[28]。

　ルイス氏は、そのエコシステムの定義なり、そう名付ける理由を述べてはいないが、今日この言葉の使用は広がっているように見える。おそらく既存マスメディア・システムが市場における淘汰の論理で動いているのに対して、非営利ニュース組織のムーブメントはそうではなく、それを植物の成長になぞらえて、そして生物多様性の理念を想起させる「エコシステム」という言葉を使っているのではないかと思われる。米国ではジャーナリズムが行き詰まると、ジャーナリストたちが間欠泉のように新しいジャーナリズムのムーブメントを起こしてきた。1990年代のものがパブリック・ジャーナリズム（シビック・ジャーナリズム）だった。そしていま、ジャーナリズムの自己革新は「エコシステム」のイメージで語られるものなのである。私たちは日本において必要とされるジャーナリズムの自己革新をどのようなイメージで語ることができるだろうか。私はまず「ガラパゴス的環境への順応状況」からの脱却が先決ではないかと思っている[29]。現状ではその環境の土壌が「エコシステム」の成長へとは開かれてはいない。

　しかし、事はもっと重大なのだ。ジャーナリズムの自己革新だけを中心に置いて考えていてはいけない。「パナマ文書」報道を思い出してみよう。誰が最初の行動を起こしたのか。ジャーナリストではない。租税回避を指南し実務を司る法律事務所の顧客データを報道機関に持ち込んだwhistleblower（告発者）である。その動機は何なのか。彼は、「パナマ文書」報道が世界に発信解禁された1カ月後、匿名の場合に使われるジョン・ドゥー（John Doe）の名前で、南ドイツ新聞に一文を寄せた。その全文が2016年5月にICIJのウェブサイトに掲載されたが、その冒頭で次のように述べている[30]。

　　「収入の不平等は、私たちの時代の本質を突く争点の一つである。それは世界中の私たちすべてに影響する問題だ。その問題が突然加速したことについての議論は何年にもわたって政治家や学者や活動家の間

で激しく続いてきた。無数のスピーチ、統計的分析の数々、いくつかの貧弱な抗議、たまに出るドキュメンタリーなどにも関わらず、その問題の拡大を止めることには無力だった。問いは依然として残っている。なぜ？　そして、いまなぜ？

　パナマ文書はこれらの問いへの逃れがたい答えを提供する。すなわち大掛かりの、深く浸透した腐敗である。」

　この租税回避という、エリートたちの底なしの腐敗を停止させるうえで、各国の政府も議会も司法も、国際機関も、銀行も金融規制機関も課税機関も、メディアも、そして専門職の弁護士も、すべて機能不全で、役割を果たしてこなかったと彼は断じる。つまり役立たずであった、というわけだ。もっと真面目に役割を果たすべきだ、必要なら資料を提供してもよいと言っている。この集合的な不履行の結果、「倫理的基準の完全な崩壊」へと向かった。それは「最終的には、私たちがなお資本主義と呼び、しかし経済的奴隷制に等しい、新しいシステムへと導いていく」と述べている。「パナマ文書」報道の本質はここにあると言えるだろう。日本のメディアは各国の著名政治家たち個々人の蓄財スキャンダルのように扱っていて、ジョン・ドゥーやICIJの思想を理解してはいない。租税回避は国民国家単位の徴税システム（所得再分配機能）を無力化し、社会福祉や環境問題などへの必要な財源を取り損なう結果を生み出しているのみならず、租税回避で浮いた資金が国境を越えて多くの人間の奴隷化や不条理な戦争の犠牲者を生み出しているという点が重要なのだ。彼は次の文章をもって結びとしている。

　「歴史家は過去の時代において課税や権力の不均衡などの争点がどのようにして革命へと導いていったかを容易に詳しく話すことができる。その当時は軍事力が人々を従わせるには必要だったが、いまは情報への短縮されたアクセスがそれと同じか、それ以上に効果的である。なぜなら、行為はしばしば不可視だからだ。私たちは安価で無限のデジタル記憶装置と、国民国家の国境を越える高速のインターネット接続との時代に生きている。ドットを繋げるのに苦労はしない。開始から完了ま

で、グローバルなメディアの分配機能を飲み込みつつ、次の革命はデジタル化されたものになるだろう。
　いや、おそらくその革命はすでに始まっている。」

　1800語に及ぶその声明のタイトルは「革命はデジタル化されるだろう」である。そこには(内部)告発者の孤独な哲学と自らの行為の正当性が表示されている。
　これはたった一人の反乱である。しかも告発者たちにどのような運命が待っているのかを、エドワード・スノーデン（Edward Snowden）を初めとしていくつもの事例で承知したうえでの行為である。新自由主義のもとで展開するグローバル資本主義下の不正義を暴く情報告発者を正義として積極的に法律的に保護する制度を用意している国民国家システムは世界中どこにもない。あったとしても、重要なものは保護対象から除外されている。それにもかかわらず、告発者は不正や腐敗の証拠を一般社会に向けて公開する手段として、メディアに、報道機関に接触する。事実を白日のもとに晒すことによって、この社会が改善されることを期待する。それで社会システムが動き、社会制度がまともに働くようになるのであれば、匿名のジョン・ドゥーが言うように、情報は軍隊、すなわち国家の暴力装置よりも強いと言える。
　調査報道ジャーナリズムは(内部)告発者、つまり秘密の内部情報の提供者と切っても切り離せない。その際、調査報道ジャーナリストは告発者を自らの活動目的にとって役に立つ対象とか道具とかと見てはならない。大きな危険を抱えて行為に踏み切る告発者を守りつつ、調査報道ジャーナリストたちがこの社会の腐敗や不正義を事実と証拠をもってパブリックに向かって証明していくとき、それは結果としてこの社会を事実という資源によって、すなわち情報によって革命していくことを意味するだろう。権力によって守られた既成秩序の枠組みを壊し、突破していくという点において、それは革命なのである。ジャーナリズムの自己革新は社会の革命へとつながって初めてほんとうの意味が生まれる。それを実現するための技術基盤すなわちデジタル技術はそこにすでに用意されているのである。
　日本ではこのように考える芽はあるのだろうか。変化の引き金はいつの時

代、どこの国でも思想である。

5　市民社会とジャーナリズムの接続の再構築

（1）日本の市民社会はジャーナリズムを必要とするか

　ジャーナリズムは単独で存在するものではない。その活動の成果品の宛先、受取人があって初めて成立する。歴史的に見れば、ジャーナリズムは西欧近代が誕生する過程で生まれた「イズム」であり、自分の生きる時代の森羅万象を対象化して観察し、記述し、その記録を公衆に向けて公開していくこと、公共化（パブリッシング）していくことに価値を置く、一つの思想であり、精神活動である。そして、その観察する自己の立場は公権力に対峙している私人の立場であり、その私人たちの作り出す社会関係である市民社会の立場である。そのような「イズム」を実践する「イスト」たちがやがて専門化して、職業としてのジャーナリストが生まれた。その歴史的な経緯から、今日でもジャーナリストの使命は市民社会の代理人として権力を監視することであり、その倫理的規範は権力からの独立と自由なのである。

　ジャーナリズムは市民社会から生まれた。したがって、もともとジャーナリズムと市民社会は結び付いていて、同盟関係にあった。しかし、その後に近代の後半になって、ジャーナリズムの乗り物である媒体が結社としてのプレスから事業としてのマスメディアへと変化し、マスメディアは情報を生産・分配する産業へと変貌を遂げていった。産業化したマスメディアは「ジャーナリズムのため」という他者の利益の観点から外れて、利潤を追求し大きな組織になるという自己の利益の観点をもつようになる。最悪の場合、自己の利益のためには権力（特に国家や大企業）とも結び付く。そこで、マスメディアと市民社会の間に乖離が生まれてくるわけである。そのとき、ジャーナリズムは行き場を失う。権力と癒着する、あるいはそれに迎合するマスメディアの軍門に下るのか、あるいは旗色鮮明にして市民社会の側に付くのか。そういう稜線を歩くかごとき状況がずっと続いてきたが、いまはまさにそこでの正念場だと言える。

　では、そのとき、日本において市民社会はどうするのか。市民社会の構成

員、利害関係者(ステークホルダー)、市民社会組織(CSO)、市井の人々はどうするのか。根本的な疑問は、果たして日本の市民社会はジャーナリズムを必要としているか、である。もちろんその際、日本に市民社会があるのかとか、日本にその構成員としての市民がいるのかとか、昔からの疑問があることは承知しているが、その問題を詰めていっても、おそらく建設的ではないだろう。つまり結論は出ないので市民社会や市民を実体として捉え、その実体を探そうとするのではなく、むしろ市民社会を市民社会関係が展開する過程として捉え、その時々の市民意識の活動の出来高に応じて、その関数として、市民社会はある幅をもって浮上したり、沈下したりするものと考えた方がよいのではないだろうか。つまり市民社会とは常にポテンシャルとして、可能態として存在するのである。そして、それは国民国家の、ナショナルな境界や論理を越えて、グローバル市民社会[31]として浮上してくるのである。

　そのように解される市民社会の構成員たち、つまり市民社会関係のアクターたちがジャーナリズムを必要だと意識するのはどのような瞬間だろうか。それはジャーナリズムが権力の監視という使命を見事に果たしている様を見た時であろう。つまりジャーナリズムが権力と対峙して、市民社会の利益を代行していると認められる時である。市井の人々が、ジャーナリズムがあって、本当によかったなあと思う時である。問題はそういう情景がどれだけ頻繁にあるかということだ。たとえ頻繁にはないとしても、その使命を果たすべくジャーナリズムが少なくとも恒常的に待機しているという確信が一般にもたれていることが必要であろう。

　仮に市民社会側にジャーナリズムは必要だという意識があるとしても、問題はそこでは終わらない。次の疑問は、市民社会がジャーナリズムを経済的に賄う用意・意向があるのか、である。日本にはこういう発想はあまりないかもしれない。しかし、ジャーナリズムが本当に必要だと考えるのなら、その経費と陣容を我がこととして心配しなければならない。当然ながら、ジャーナリズム活動には人とお金が必要だ。しかも、その活動は市民社会の構成員の代りに、つまりそこから委託されて行なわれているのである。そこには委託と受託の関係がある。そうであるならば、次のような考え方が有効ではないだろうか。「ジャーナリズムへの支出は市民社会にとっての必要経費

である」という考え方である[32]。デモクラシーのためのコスト、維持管理費と言ってもよい。こうした思考をもつかどうかは教育にかかっているかもしれない。もしも市民として主権者になるための教育という考え方が成り立つのであるなら、そこには市民社会を維持するためのコスト意識についての教育も含まれるべきであろう。「あなたは月々の家計からジャーナリズムのためにいくらほど支出するつもりがありますか」「なぜあなたはその支出をするのですか」という問いから始まる教育である。

　先述の通り、米国では富豪の篤志家や資金力のある大きな財団が人権、環境、教育などを初めとして、比率は少ないもののジャーナリズムにも寄付や助成金を提供している。その寄付文化を支えるのはフィルアンソロピー（慈善事業）の伝統であり、その背後にはキリスト教があるとみられる。しかし、日本の伝統のなかにも、仏教を背景として、勧進（かんじん）や喜捨、お布施の言葉があり、その思想があることを忘れてはならない。日本においては今日自然災害時に多くの寄付が集まるが、「困ったときはお互い様」の助け合いの精神の源をたどれば仏教に行き着くのではないか。勧進は中世日本が発明した公共負担の方式であった。1180年に源平の戦火で焼失した東大寺の再建は勧進聖（じんひじり）の代表的人物、俊乗房重源（しゅんじょうぼうちょうげん）（1121〜1206年）によって行なわれた[33]。僧侶が大プロジェクトのジェネラル・プロデューサーとなって、「貴賎の別なく」浄財を募り、諸国から建設資材と技術者を集めて、公共財としての大仏殿[34]を再建したのである。その浄財は強制によってではなく、その趣旨に賛同する自発性に基づいて拠出されるものであった。重源はほかにも、勧進により橋を架け、港を改修し、道路を整備した。行基や空海も変わらない。

　ならば今日、勧進の思想とテクノロジーを蘇らせ、それを現代の市民社会原理と接続させて、権力から自立した現代の公共負担方式を意識化するという道はないだろうか。そのとき、「ジャーナリズム勧進」（ジャーナリズムの大伽藍を建立する）や「ジャーナリズムへのお布施」（非営利ニュース組織への寄付）が成り立つはずではないかと、私は思うのである。

(2) 日本のジャーナリストは市民社会の必要に応えられるか

　日本の市民社会がジャーナリズムを必要としていると仮定しよう。では、

そのとき、日本のジャーナリストはその必要に応えることができるだろうか。それに十分に応えられてこなかったから、あるいはそれ以前に、そういう問いを十分に意識することをしてこなかったから、今日の乖離、断絶、不信があるのではないだろうか。もちろん、ジャーナリズムの優れた仕事が発表、公開されても、市民社会の側に十分な共鳴板がないという問題は確かにある。それは前項で述べた。鶏と卵のような関係である。

　しかし、この項はジャーナリスト側に謙虚さを求めることにしよう。なぜ乖離が生じているのか。市民社会と連帯する文法を十分にもてなかったからである。こういうことを書くと、自分個人が批判されたと思う人がいるが、その人も一員である職能集団の問題として考えてほしい。ジャーナリスト、あるいは「マスコミ」様式の帰属者に特権というものはない。特権と見えるかもしれないものは、市民社会の代行機関として市民社会から付与された庇護の約束である。それを自己に主張できる特別な地位とか身分とかのことだと誤解してはいけない。ジャーナリストは自己主張の力で社会的に生きているのではなく、市民社会の必要性によって生かされている存在だと考えたほうがよい。本来の意味での他力本願と言える。

　これからの調査報道ジャーナリズムは、もしもジャーナリストが自分の、または自分たちの職業的な利益や満足や野心のためにやるのだとすれば、それでは駄目なのである。展望はないだろう。自己の利益や満足や達成感のためではなく、市民社会の利害関係者（ステークホルダー）の利益と必要の充足のために行なわれなければならない。つまり他者の利益のために、である。その他者とは誰なのか。それが見えているのか。そこが問題なのだ。それが自覚されていなければ、独り相撲である。そういうものを誰も応援はしない。つまり、ジャーナリストが市民社会と連携し、そこからの付託に応え、そして市民社会がジャーナリストを支援するという委託／受託の双方向の循環関係がないかぎり、展望は拓けないのだ。そして、この関係は単に理念的なものではなく、双方から具体的に可視化されているものでなければならない。

　そのような構図の中で、日本の調査報道ジャーナリストはそのジャーナリズムを実現していく方法論や表現論を自覚的に究めるべきであろう。それは先に述べた新しいジャーナリズム文化の創造の一環である。そのために、今

回本書の姉妹版として翻訳出版された、マーク・リー・ハンター『調査報道実践マニュアル——仮説・検証、ストーリーによる構成法』が役立つはずだ。そこをヒントにしつつ、過去の実践の歴史を踏まえつつ、日本独自の調査報道ジャーナリズムの方法論を磨き、このムーブメントへの若い人々の参加を募っていくべきであろう。

　権力は手強い。調査報道は権力（者）を相手にしているだけにリスクは大きい。落とし穴に陥らないために、権力にはめられないために、状況に欺かれないために、実践事例の研究と経験の継承・蓄積・共有が必要だ。何よりも防衛（ディフェンス：作品に対する批判や攻撃を事前に綿密に想定して、作品を防衛すること）を最初から組み込んで考えなければならない。いずれにせよ、調査報道には最高の倫理観ないしは倫理的能力[35]が、そして自己への最高の厳しさと清廉さが求められる。つまり、実践的かつ倫理的能力が備わっていないのに、恣意的に勝手にやっていいということでは決してない。それは自由の問題とは関係がなく、単なる放縦である。

　「イズム」の実践方法や表現方法のみならず、まっとうな調査報道ジャーナリストには同時に組織論が必要で、市民社会のためのインフラストラクチャを構築するテクノロジーを組織化し、活用していく能力が求められる。つまり、「イズム」のテクノロジーである。ウェブ上のプラットフォームの構成と再構成、デザインに駆動されるコンテンツ、データ解析のビジュアル化による認識の革新、市民社会のステークホルダーと直結する財源調達ルートの開発など、やるべきことは多い。「イズム」の実践を支える下部構造が必要不可欠なのである。このテクノロジーを提供する人々もまた、このジャーナリズム・ムーブメントの参加者であり、当事者となる。

　このようにして、日本の調査報道ジャーナリズムは「国益」や「マスコミ」などのナショナルな枠組みを離れて、やがてグローバルな公共圏で認知される存在となり、グローバル市民社会に奉仕していくことができるだろう。

（3）未知の人からの手紙

　本稿を書き始めた時、中部地方在住の未知の人から封書を受け取った。署名はあったが、ここではA氏としておこう。マーティン・ファクラーさんの

本[36]を読まれたことが私への手紙のきっかけとなったようだ。その本には早稲田大学ジャーナリズム研究所が登場し、研究所がジャーナリストを集めて、日本のジャーナリズムを変えるために何かを始めようとしていると書かれているからだ。A氏は「ジャーナリズムの現状に危機感を抱く人間として」、「お願いのような期待」を二点述べられている。お許しをえて、引用したい。

> 「先ず第一のお願いは、闘うジャーナリスト達には財政的な支援が必要なので、彼等の活躍に期待する我々がささやかな財政的な支援をする為のプラットフォームを作っていただきたいということです。
> 　第二のお願いは、そのプラットフォームが、我々バラバラの市民が互いの考えを知り、反権力のジャーナリズムが少数のジャーナリスト達の自己満足の空間などではなく、多数のconcerned citizensに支えられた、社会の良心と勇気の結晶のようなものであることを示し、我々がバラバラではなく大きな層として自信と一体感を持てるようにしてほしいということです。」

私は見知らぬ人からの長文の手紙を拝見して、いま研究所がやろうとしていることの正しさを確信した。と同時に、本当にできるのかと不安にも思った。できなければ、期待を裏切ることになる。それが恐ろしい。しかし、明らかなことは、闘うジャーナリズムの宛先つまり受取人がこの広い日本の中に具体的に存在し、先方から立ち現れてきたということであり、それは決して見えない存在ではなく、闘うジャーナリストたちの活動をいまかいまかと期待して待っている存在だということである。A氏がジャーナリストたちの自己満足に手厳しく言及しているのは慧眼で、そのことを牽制したうえで、市民たちは財政的な支援をする用意があると表明しつつ、同時に「憂慮する市民たち」がバラバラの存在ではなく層として可視化される機会と場所を求めているという表明に私は注目した。すなわち、単にジャーナリストたちの成果品の消極的な受け手としてではなく、公共圏の行為者として自発的に集合的に立ち現れようとしているのである。これこそがまさにジャーナリズムの存立条件であり、先に述べたジャーナリズムと市民社会の連動する関係、

共振する関係なのである。それを具体化する装置として、A氏の言う、共通の「プラットホーム」[37]が機能しなければならない。

　私はこの手紙に希望を抱いた。そして、手紙に返信した。やがて第二信の封書をいただいた。それもまた長文で、知性と公憤を背景とした卓見に満ちたものだった。そこには寄付金の封筒がそっと添えられていた。

〈注〉

1——ICIJ = International Consortium of Investigative Journalists（国際調査報道ジャーナリスト連合）　個人加盟の国際組織で、1997年設立。2016年現在、65カ国、190名以上の調査報道ジャーナリストが加入している。

2——動画のURL：https://www.youtube.com/watch?v=F6XnH_OnpO0

3——ドイツの社会学者マックス・ウェーバーの定義に準じる。マックス・ウェーバー『社会学の根本概念』(清水幾太郎訳)、岩波文庫、1972年によれば、「『権力』とは、或る社会的関係の内部で抵抗を排してまで自己の意志を貫徹するすべての可能性を意味し、この可能性が何に基づくかは問うところではない。」(86頁)

4——GIJN = Global Investigative Journalism Network（世界調査報道ジャーナリズムネットワーク）　団体加盟の国際組織で、2003年設立。2016年現在、62カ国、138組織以上が加盟している。

5——Korea Center for Investigative Journalism（KCIJ）– Newstapa　韓国の調査報道NPOメディア。2013年設立。

6——この翻訳は、マーク・リー・ハンター『調査報道実践マニュアル——仮説・検証、ストーリーによる構成法』(高嶺朝一・朝太訳)旬報社、2016年、として本書と同時に刊行される。調査報道とはどのような方法か、何の目的でそのような手法を用いるのかを明快に説明し、ジャーナリストをその方法の実践へと誘っている。

7——IRPI = Investigative Reporting Project Italy（イタリア調査報道プロジェクト）　イタリアの調査報道ジャーナリストのネットワーク。2012年設立。

8——http://www.thewaveofreconstruction.com

9——AEJMC = Association for Education in Journalism and Mass Communication（米国ジャーナリズム＆マス・コミュニケーション教育学会）。

10——WIJP = Waseda Investigative Journalism Project（早稲田調査報道プロジェクト）　早稲田大学ジャーナリズム研究所が立ち上げたプロジェクトで、調査報道に特化した「非営利ニュース組織」。「フクシマ」関連のデータジャーナリズムのテスト版を2016年3月11日にウェブ上に掲載した。その日をもって設立日とし、2017年初めに「ワセダクロニクル」としてニュースをリリースの予定。

11——「首相の一日」『東京新聞』2016年8月16日朝刊、6面。

12——日本にはすでにウェブ上の非営利ニュース組織としては、アジアプレス・インターナショナル（API、1987年設立）によるアジアプレス・ネットワーク（APN）、そしてNPOアイ・アジア（iAsia）などがある。しかし、調査報道ネットワーク組織は日本にまだない。

13——CORRECTIV　ベルリンの調査報道ジャーナリズムのNPOニュース組織。2014年設立。

14——netzwerk recherché（調査ネットワーク）　ドイツの調査報道ジャーナリストのネットワーク。

2001年設立。
15―チャールズ・ルイス／国谷祐子「調査報道がジャーナリズムを変革する――パナマ文書と非営利報道をめぐって」『世界』、2016年8月号、50-65頁。彼のインタビューが掲載されている。
16―American University School of Communication, Investigative Reporting Workshop　2009年にウェブ・テクストおよびテレビの発信を開始。併設されているInvestigative Powerは調査報道ジャーナリズムの映像オーラル・ヒストリーとして大変興味深いものである。ウォーターゲート事件が調査報道の大きなレガシーであることがよくわかる。
17―IRP = The Investigative Reporting Program at U.C. Berkeley's Graduate School of Journalism 2006年開設。
18―たとえば、コロラド州デンバー市のRocky Mountain News社もその一つ。フォトジャーナリズムでもよい仕事をしてきたが、創刊150周年を目前にして廃刊となった。
19―「テロ」に定義はあるのだろうか。世界の国民国家の統治者・為政者からして、「テロとは現体制、現政権にとってすべての不都合な活動をいう」が合意された定義だとしても、人々はあまり驚かないであろう。この幅広い定義の中に権力監視のジャーナリズムが入ることを各国の官僚と御用学者が提言しても、為政者たちは決して驚かないであろう。「テロ等組織犯罪準備罪」を名称とした罪を「共謀罪」の代用品として創設するとすれば、権力はその名称を拡大解釈して、権力を監視する者たちをも処罰する手段を手に入れることになるだろう。日本のジャーナリストたちはその反対のために立ち上がるだろうか。「特定秘密保護法」の施行を許してしまったことから何かを学んでいるだろうか。

　ジャーナリズムが権力との間で紛争状態になり、それが可視化されたときに市民社会の人々は気が付く。そして初めて闘うジャーナリストへ支持を送るだろう。紛争状態の可視化こそはジャーナリズムへの支持が生まれる最も有効な状況だと言えよう。
20―本来「市民社会」だけでよいのだが、あえて「グローバル」という形容詞を付ける理由は、市民社会概念がネーションや国民国家のように境界をもった、閉じた概念ではなく、元々開かれた概念であることを強調するためである。「日本における市民社会」という捉え方は成立しても、「日本という国に限定された市民社会」「ナショナルな市民社会」というのは自己矛盾に等しい。「グローバル市民社会」とは市民社会というものが元々国境や国籍を越えたものだという含意である。すなわち、ネーションを越えて、インターナショナルからさらにトランスナショナルへと至る展望とともにある。あえて形容詞を付けるのならば、「グローバル市民社会」よりも「ユニバーサル市民社会」のほうが適していると言えるかもしれない。市民社会は普遍的な概念だからだ。その点ではヒューマンライツ（基本的人権）と共通している。ヒューマンライツにも国境や国籍はないのであって、「ナショナルはヒューマンライツ」とは自己矛盾である。
21―ProPublica: Journalism in the Public Interest　2007年にニューヨークのマンハッタンに設立され、2008年に運用開始したNPOニュース組織。設立時の財源はサンドラー財団からの寄付金。運用開始後2年目の2010年にピューリッツァー賞の調査報道部門を授賞し、その存在が知られるようになった。授賞作は、ハリケーン・カトリーナ後にニューオルリンズの病院で見捨てられた患者の姿を報じ、貧しい地域を襲った災害と行政の不作為を描いた。そのころから数限りない賞を授賞し、その足場を固めてきたが、本年2016年にもピューリッツァー賞のExplanatory Reporting部門を授賞した。
22―Reporters Without Borders（RSF）　1985年設立、本部パリ。
23―URLは、https://rsf.org/en/deep-and-disturbing-decline-media-freedom
24―花田達朗「虚偽と煽動の『芸術』」（沖縄2紙"つぶす"発言―「権力とメディア」を考える）『琉球新報』、

2015年7月14日朝刊、を参照されたい。
25 ― 国谷裕子「インタビューという仕事――『クローズアップ現代』の23年」『世界』、2016年5月号、50-60頁。国谷は「……聞くべきことはきちんと角度を変えて繰り返し聞く、とりわけ批判的な側面からインタビューをし、そのことによって事実を浮かび上がらせる、それがフェアなインタビューではないだろうか」(59頁)と述べている。それが正にジャーナリストがやるべきinquiryなのだ。日本の記者会見のように単に質問することではない。それなら誰にでもできる。

Inquiryとは事実を求めて問い質す、本当のことが知りたいという熱意をもって相手に問い質すということである。それが相手に迎合的ではなく、批判的になるのは当然のことだ。権力をもつ人間に対するジャーナリストの質問とは疑問というよりも、疑念があるから聞くという質問であるはずだ。欧米の優れた政治家は、そのようなジャーナリストによる「問い質し」によく耐えられる能力と同時に、相手の役割に対する理解と寛大さをもっている。それは民主的政治体制の政治家にとって資格要件の一つなのだ。

しかし、そのような政治家は日本にはまずいない。そのような「問い質し」をする日本のジャーナリストに出会うことがないからだ。珍しく出会った場合には、怒る。そのような状態だから、外国のジャーナリストのインタビューに応じたがらない。何を聞かれるか、どんな「問い質し」が来るか、事前に分からないからである。日本の政治家は日本のジャーナリストに鍛えられていないので、外国のジャーナリストを避けて通らざるをえない。

英国の公共放送BBCのインタビュー番組 *Hard Talk* には世界中の政治家や要人が登場するが、あのインタビューに耐えられる日本の政治家は皆無であろう。その意味で、日本の政治家とジャーナリストは一般的に「親密な関係」と言える。馴れ合いの質問をしたり、一緒にお酒を飲んだり、ゴルフをしたり…。「政治家の懐に入って」情報をとるというのは、賞味期限の過ぎた、単なる見え透いた口実にすぎない。

この「降板」事件で批判されるべきは、職業的使命に忠実に仕事をし、視聴者の支持を得ていたプロをその仕事から「外した」公共放送の経営・編集幹部であり、残念なのは「同僚」を守れなかった公共放送組織の現場の構成員だと言える。

26 ― 花田達朗「『吉田調書』記事取り消し事件の論理的解剖」編集委員会編『いいがかり――原発「吉田調書」記事取り消し事件と朝日新聞の迷走』七つ森書館、2015年、28-29頁。
27 ― Charles Lewis, New journalism ecosystem thrives: http://investigativereportingworkshop.org/ilab/story/ecosystem/
28 ― Pietro Lombardi and Daniel Farber-Ball, New journalism ecosystem thrives worldwide: http://investigativereportingworkshop.org/investigations/new-newsrooms/story/new-journalism-ecosystem/
29 ― これについては、花田達朗「『ジパング』の権力とジャーナリズム――ガラパゴスからロドスへ」(2015年7月4日)を参照されたい。そこでは「ジパングマスコミ」という固有種の生態が描かれている。http://www.hanadataz.jp/w1/20150704/roku01.html(早稲田大学ジャーナリズム研究所)
30 ― https://panamapapers.cloud.icij.org/20160506-john-doe-statement.html
31 ―「グローバル市民社会」については注20を参照のこと。
32 ― 花田達朗「ジャーナリズムを経済的にどう支えるか――2011年度税制改革大綱への疑問とともに」『アジェンダ――未来への課題』、第32号、2011年春号、16-25頁で問題提起した。
33 ― 花田達朗「重源の皺」『建設業界』2002年6月号、42-43頁。
34 ― 天下太平と五穀豊穣を祈願する場所。戦乱と殺戮のない平和と飢饉と飢餓のない豊作、すなわち人間同士が争わないことと自然の恵みがあることの二つこそ、農耕社会における衆生の、パブリックな願いであった。現状の日本仏教の場所とは違う。現状は家内安全と無病息災であ

り、私的な願いである

35——職能倫理とは、法令や綱領やガイドラインを順守することだと誤解している人々が多いけれども、そうではない。コンプライアンス（法令遵守）とは関係のないことだ。職能倫理とは自由な行為主体がその職務の使命や規範に照らして、個人として判断するときの基準とその使い方のことである。したがって、右に行くか、左に行くかを判断し行為する自由と自律性をもっていない人間に倫理を問うのはナンセンスである。行為主体が自由である時に初めて、倫理は問題となりうる。そのような自由な職能人が集まって、その自由と自律性を守るために、個人加盟の職能組織が結成される必要がある。そこが制定するものが本来のジャーナリストの倫理綱領である。

36——マーティン・ファクラー『安倍政権にひれ伏す日本のメディア』双葉社、2016年。著者はニューヨーク・タイムズ前東京支局長。早稲田大学ジャーナリズム研究所招聘研究員も務める。

37——この「プラットフォーム」をどのようにデザインし設計して、目に見える形にできるかが重要だ。篤志家の大口寄付金も大型財団からの助成金も期待できない日本の条件のなかで、WIJP・「ワセダクロニクル」では当面財源としてクラウドファウンディングと、韓国「ニュースタパ」のような個人寄付型の支援会員制の導入を想定しているが、どちらであっても資金を提供した市井の人々、喜捨した人々が市民社会の構成員として「自信と一体感」をもてるような空間を共同して作り出す必要がある。例えば調査報道ジャーナリズムの成果を分かりやすく提示し、ジャーナリストと参加者が対等に討論するようなオフ会を定期的に開催するやり方があるだろう。同時にそれをUstream（ユーストリーム）で中継する。それらをアーカイブ化して、YouTube（ユーチューブ）チャンネルに収める。おそらくこれでもまだ十分ではないに違いない。もっとダイナミックな空間装置が必要だ。現代日本の勧進空間の設営が求められる。それは既存の権力構造と関係を乗り越えていく契機を作り出すだろう。

第2章 ジャーナリズムの基盤構造と調査報道の水脈

別府三奈子

　日本では、新聞、ジャーナリズム、調査報道、のそれぞれが時として等価の互換語のように使われる。欧州や米国のジャーナリズムを観察すると、様相が大きく異なっている。一番の違いは、ジャーナリズムの基盤構造ともいうべきところにある。基盤を地層と言い換えてもいい。主に二つの違いが目立つ。

　一つは、中世の封建社会から市民社会へと移行する過程で、新聞が、為政者のための情報伝達や情報統制の道具から、市民の政治参加を支える道具へと転換する時期に堆積した地層である。もう一つは、1890年あたりから数十年かけて、新聞経営者や社主の意向に従う経営本位のプレスから、社会改良を望む市民に奉仕する市民本位のジャーナリズムへと転換する時期にできた地層である。この二つの厚い層が、日本の基盤構造の中に見当たらない。後述するように、この違いは、ジャーナリズムの質に大きな影響を与えている。

　このような理由で本稿では、調査報道のグローバルスタンダードについて、その起源から今日までの系譜を史的に俯瞰する。基盤構造の違いについては、言論の自由思想の由来、ジャーナリズム・プロフェッションの必然的背景、調査報道の公益性、の三つの側面に重点を置いて論じていく。この部分は目に見えにくいが、調査報道の国際ネットワーク戦略について、日本人が理

解するうえで特に必要と思われる部分である。

1　社会の機能不全と調査報道

　調査報道（Investigative Reporting）、あるいは、調査報道の手法を用いたジャーナリズムの実践（Investigative Journalism）、と英語で語られる際に原点となる風景をひとつ、思い起こしてみる。

(1)「この社会はちゃんと機能しているだろうか?」と問う人々

　「この出来事は、殺人を犯すつもりの者たちに、記者を殺せても調査報道を殺すことはできない、ということを示している」
　これは、米国ジャーナリズム史では大変有名な調査報道「アリゾナ・プロジェクト」を総括した言葉である。米国の代表的な調査報道ハンドブック「The Investigative Reporter's Handbook: A Guide to Documents, Databases and Techniques」の冒頭からの引用である（2002年、第4版、p.viii）。同書は、世界でもっとも有力な調査報道団体のひとつである調査報道記者編集者協会（Investigative Reporters and Editors, Inc／以下、IREと記す）が、ジャーナリストやジャーナリスト志望の学生のために書き下ろしたものだ。急変する技術環境に対応して、1983の初版以来、2009年までに5版が刊行されている。同様の内容が掲載されたIREのHPには、テーマごとの取材ヒントなどが3500項目にわたって掲示され、随時更新されている。
　この非営利民間団体は、2016年現在、5000人を超す会員を擁しており、世界最大級の調査ジャーナリストの研修機関でもある（本書153頁も参照）。創設は、記者有志によって1975年から準備されていた。警察と暴力団の癒着や地方行政の汚職を追跡しようとする調査報道記者たちが、州境や国境を越えて情報や手法を共有する場を作るためだった。ウォーターゲート事件において、新聞記者たちが現職大統領の盗聴指示や議会に対する偽証行為といった不正を究明したことで、調査報道に対する社会認識が肯定的に急速に広がっていた時期である。
　翌76年6月に創立総会の開催が決定され、その講演者にはドン・ボールズ

(Don Bolles)記者が予定されていた。ボールズはIRE創設者の一人で、警察汚職などで高い評価を受けていたアリゾナ・リパブリック紙のベテラン調査報道記者だった。しかし、ボールズは総会の約2週間前に、車に仕掛けられた爆弾によって致命傷を負い、11日後に落命した。ラスベガスを擁するアリゾナ州の政治汚職に関する取材で、匿名のたれこみで待ち合わせていたところを狙われた[1]。

IREの創立総会に集った記者たちは、300人を超えた。総会後、彼らのなかから、手弁当でボールズの仕事を引き受けるものが続いた。2度のピュリツアー賞受賞歴のあるニューズデイ紙の調査報道編集者ボブ・グリーンが中心となり、ホテルの一室を拠点として、全米各地の新聞やテレビ局の38人の記者や編集者が5カ月間、週末や休暇を利用するなどしてボランティアでアリゾナに赴き、手分けして関係者へのインタビューを重ねた。その内容を丹念に分析しながら、チームとして調査報道を展開した。

ギャング・バング・ジャーナリズム（集団報復ジャーナリズム）と非難されたり、訴訟を起こされたりしたが、半年後には20本を超えるシリーズものの調査報道を世に送り出した。偽造証明書によって労働を強いる不法たばこ農園の存在などが明るみに出され、関与するアリゾナ州政財界の不正一掃に大きな前進をもたらした。ボールズ殺人事件の犯人も捕まった。これが、アリゾナ・プロジェクトである。

(2)「すべてのジャーナリストは、調査報道記者か？」

ボールズが調べていたのは、自分の暮らす地域に困っている人たちがいるのに気づき、それを他人事として置き去りにできなかったからだった。これでいいのか。もっと良くできるのではないか。解決するには何を知らねばならないのか……。しかし、記者の仕事を通して社会問題に真剣に取り組んでいた人間の命が、私利私欲のための暴力によって絶たれた。調査報道に取り組む記者たちは再び、これでいいのかと自らに問い、危険を承知で身銭を切り、ボールズの仕事を引き継いでいった。これは、記者たちの美談だろうか。もし、眉つばものと疎ましく思うとしたら、それはなぜだろうか？日本で目にするお詫び記者会見などで、記者が市民の代弁者のごとく、紋

切り型の正論をぶつける姿を見たからだろうか……。記者、と呼ばれる人々の動機や行為にもいろいろある。それを見分ける力も必要である。

　行政の既存のシステムでは取り除けない人々の苦痛、国策推進の途上で発生する問題、権力や暴力が隠蔽する不正。こういった社会の問題を可視化し、コミュニティで共有することで、社会の機能不全を減らしていく。地域の人々で話し合い、必要なときは新たな地域のルール、条例、法律などを作っていく。アリゾナ・プロジェクトは、言論の自由を認める民主社会で、市民が政治に参加するためにジャーナリズムが担う役割を、端的に示す事例となった。

　同団体は78年から、ジャーナリストの職能訓練で長い実績をもつミズーリ大学に拠点を移し、調査報道の手法の開拓や訓練、啓蒙や検証に大きな存在感を持ち続けている。前述のハンドブックは2002年発行のハードカバー4版の場合、総頁数589頁の本格的な手引書である。ベテラン調査報道記者たちの実体験を具体的に数多くひも解きながら、取材のやり方から公表する際の法的倫理的注意点に至るまで、調査報道の全工程が記されている。

　内容は以下の3部構成になっている。①調査報道記者に共通する取材の具体的な方法（既存情報から始める、証拠をつかむ、コンピュータを利用した取材、ネット利用で国境を越える、人にあたる）、②テーマ別アプローチの具体的な取材ノウハウ（行政府、大統領府、教育、法的強制、司法制度、有資格プロフェッショナルズ、企業経営者と労働者、NPO、保険、銀行、エネルギー、輸送、不動産、環境、貧困）、③公表の流れ（執筆、倫理）。HPでは、手法の更新と、データ・ジャーナリズムの手法を重点的に提供している。読者は数々の実例を参考にしながら、自分たちの国の事情に合わせて調査報道のやり方をアレンジしていくことになる。

　この種の調査報道ハンドブックのなかで、ユネスコがアジア圏も意識して発行しているものが、本書の姉妹書として訳出された『調査報道実践マニュアル——仮説・検証、ストーリーによる構成法』（旬報社、2016年）である。インターネット社会になり、国内の情勢が、国境を越えたデータベースによって検証できるようになっている。一国だけでは解決できない問題も多い。日本の調査報道は、国内独自の方法と、このようなグローバルスタンダードの両方を融合させることで、より有効になる。

IREの手引書の執筆にあたり、筆者である熟練の調査報道記者たちは、以下のような三つの自問自答をしている。

　「すべてのジャーナリストは、調査報道記者か?」。これは理想だが現実は違う。多くのジャーナリストは、輸送用のベルトのように公式見解を運ぶ。市議会を聞きに行き、スペースに合わせて内容を削る。こういった記者たちを調査報道記者とはいわない。では、「すべてのジャーナリストは調査報道記者であるべきか?」。より手軽な、ペットの話題や生活の楽しみに関する情報ニーズもあるので、調査報道記者でない記者や編集者も必要であろう。さて、「すべての記者は調査報道記者になれるか?」。必要なことはたった一つである。「この世界はちゃんと機能しているだろうか」と意識して関心を寄せ、うまくいかないものに対して、足りないから駄目だ、ではなく、良くするチャンスだと考える。そこに必ず糸口がある、という[2]。

(3)「物言えぬ人々」と私たち

　シリアの紛争で、難民船の転覆により溺死した幼児が海岸に打ち上げられている姿や、がれきの下から数日後に救出されて放心していた幼児が自分の血に気づいて驚く姿が、日本にも伝わってきている。物言えぬ人々の苦しみをなんとかしようと、現地から出来事を記録し伝える人がいて、私たちは初めて問題の発生を知る。解決策へ近づくために、原因を深く探り報告する人がいて、私たちは初めて自分たちの社会を良いほうへ変革しうる可能性を持てる。もちろん、知った人たちが誰も何もしなければ、良いほうには変わらない。バトンを渡すように、人々が自分のできる範囲で役割を担いあうことで、民主社会における変革の力は大きくなる。

　日本にも、困難に直面しながら自ら声をあげることができない人がたくさんいる。失職後の借金から家族を守るために、自分の保険金をあてに自殺を選ぶ男性たち。DVシェルターで出会う心身ともに瀕死となっている女性たちと、明らかに発育不全の食べる物がなかった子どもたち。病院に行くことをやめる老人たち。地震災害や原発汚染で、家族や住まい、暮らしと故郷を失った町民。71年前に終わったという戦争の体験に、今も苦しみ続けている元兵士。個人の生活に軍事基地がもたらす理不尽を、止めてほしいと

叫ぶ声をかき消され続ける市民。組織のルールに沈黙を強いられる会社員や職員、等々。

　日本には日本の政治制度と報道業界の慣例があるので、調査報道の方法論だけ平行輸入しても意味をなさない。しかし、グローバルスタンダードには、それぞれの国で人間の集団生活が引き起こす社会の壁に向き合い、社会をもっと良くしようと調査報道に携わってきた人たちの歩みがつまっている。日本で調査報道を実践し、あるいは、調査報道を実践してもらいたいと願う人たちにとって役立つヒントがきっと見つかるだろう。

　物言えぬ人々は、調査報道力のある記者を雇うことができない。大きな天災や人災で私たち自身が、いつ物言えぬ人々になるかもしれない。調査報道を志す記者たちを応援するのは、市民社会一人ひとりのため、すなわち、自分のためなのである。今日の環境汚染や難民の発生、食料や兵器の流通などでは、その規模も影響を受ける人も、解決のために必要な情報も、すでに国籍に限定されなくなって久しい。必然的に、自然発生的に、調査報道に携わるジャーナリストたちのさまざまな連携が広がってきている。

　調査報道の力を育てられるかどうかは、調査報道を必要とする私たち自身の肩にかかっている。為政者が国家予算で、市民監視活動や諜報活動を進め、兵士を訓練するように、個人の予算を集めて調査報道を実践する記者や編集者のネットワークを支え、調査報道を担える記者の養成を賄う時代に入っている。本書第Ⅱ部の世界戦略でも述べられているように、調査報道への寄付は、実に有益な投資先であり、自立した社会改良力のある市民社会にとっての、必要経費なのである。

2　言論の自由：君主制から民主制への転換

　ジャーナリズムの歩みを俯瞰するためには、マスメディアの誕生とともに概念形成が始まった言論の自由思想まで遡ることになる。

（1）「言論の自由」思想の由来

　マスメディアの歴史からみれば、印刷機に金属製の活字を組み合わせる

ことで、定期刊行物の量産が可能になった時期が、ひとつの節目となる。それまでの印刷機に使われていた木製や陶製の活字と異なり、活字合金は耐久性が高い。これによって、完全複製情報の不特定多数での共有、というマスメディアとしての必要条件が整い、書物の制作が可能になった。欧米でいえば1450年ごろにドイツのグーテンベルクが42行聖書を印刷したのが最初と言われている。活版印刷機は、周知のように、火薬や羅針盤とともに、ルネサンス期の改良によって欧州の社会変革を生み出した三大発明と評されている。印刷機がもたらしたものは、宗教改革、信教の自由思想、封建社会制度の崩壊と市民社会の誕生、民主主義の形成、と続く。

　封建社会において、特権階級による神学と教会の独占が可能だったのは、神の教えが口述伝承だったからである。古参の聖職者から若手の神学生への伝授、聖職者から一般の人々への一方的な思想の流れは不可逆で、疑問を挟む余地がない。社会構造も不可逆的に、人間を支配者と被支配者に分断していた。マスメディアは、平等や自由という権利概念を生み出し、分断された縦の関係から横の関係へと社会構造を変革していった。書物による思想の共有はやがて、信教の自由、政治参加の自由、学問の自由、意見表明のための言論の自由、職業や居住地や婚姻相手の選択の自由、それら総体としての基本的人権、という権利概念へと広がっていった。

　一方では、こういった社会関係の変質を望まない支配者層による、信教や言論の自由に対する弾圧のさまざまな行為形態も発生した。不都合な書籍の焚書命令、印刷の免許制、内容の事前から事後にわたる検閲、条例や法律による言論の取り締まりや違反者の極刑に至る罰則、などである。マスメディアの発行から個人の意見表明までを覆う激しい弾圧を経験することで、言論の自由という概念が明確になり、権利意識として育ち、やがて法律として明文化されるに至る。その時期は、フランスの市民革命（1789-99年）や米国の英国からの独立戦争（1775-83年）、といった変革が続く18世紀後半である[3]。市民革命の経験から、人々は信仰や市民の政治参加に言論の自由がなによりも重要なこと、政治参加の自由を得るためにマスメディアが有効なことを、文字どおり血を流しながら学んでいった。

　参考までに、フランス人権宣言、アメリカ憲法、および、日本における欽

定(君主主権)の大日本帝国憲法と民主主義を前提とする日本国憲法における法文を付記する。民主化した欧米と民主化した日本の条文の間にある、およそ150年間の隔たりは、後述するように、その後に形成されるジャーナリズムの性質に、実に大きな違いをもたらすことになる。

■**フランス人権宣言**(1789年に採択)
第1条(自由・権利の平等)
　人は、自由、かつ、権利において平等なものとして生まれ、生存する。社会的差別は、共同の利益に基づくものでなければ、設けられない。
第4条(自由の定義・権利行使の限界)
　自由とは、他人を害しないすべてのことをなしうることにある。したがって、各人の自然的諸権利の行使は、社会の他の構成員にこれらと同一の権利の享受を確保すること以外の限界をもたない。これらの限界は、法律によってでなければ定められない。
第10条(意見の自由)
　何人も、その意見の表明が法律によって定められた公の秩序を乱さない限り、たとえ宗教上のものであっても、その意見について不安を持たないようにされなければならない。
第11条(表現の自由)
　思想および意見の自由な伝達は、人の最も貴重な権利の一つである。したがって、すべての市民は、法律によって定められた場合にその自由の濫用について責任を負うほかは、自由に、話し、書き、印刷することができる。

■**米国合衆国憲法修正第1条**(1791年に施行)
(信教・言論・出版・請願権)
　合衆国議会は、国教の樹立、または宗教上の行為を自由に行うことを禁止する法律、言論または出版の自由を制限する法律、ならびに市民が平穏に集会する権利、および苦情の処理を求めて政府に対し請願する権利を侵害する法律を制定してはならない。

> ■**大日本帝国憲法第29条**（1890年に施行）
> 日本臣民ハ法律ノ範囲内ニ於テ言論著作印行集会及結社ノ自由ヲ有ス
>
> ■**日本国憲法第21条**（1947年に施行）
> （集会・結社・表現の自由、通信の秘密）
> 集会、結社および言論、出版、そのほか一切の表現の自由は、これを保障する。
> 検閲は、これをしてはならない。通信の秘密は、これは侵してはならない。

（2）マスメディアの機能分化を促す三つの目的：国益、公益、利益

　印刷メディアの形状は、技術の開発に後押しされて、ちらし、書籍、雑誌、新聞とバリエーションが増えていった。伝えられる情報の内容も幅広くなり、情報の種類に共通の特性と必要性が認められて、やがて広告、ジャーナリズム、プロパガンダ、広報、と命名され、分化していく。新聞も最初は官報の類として発達し、民主化していく途上で、無料で配布する政論新聞や、有償でも売れる商品としての商業新聞に分化する。記事内容の制作者のある一部はジャーナリストと呼ばれ、そのさらにある一部が調査報道記者、と称されて分化してきた。マスメディアのこうした機能の分化は、歴史的に見た場合、主に以下三つの必要性から生じてきた。

　第一のマスメディアの機能分化は、国益に由来する。統治する側のニーズ、すなわち、国家、政府や財界、軍部といったその時々の公権力にとっての必要性から生じてきた。為政者が命令を徹底させるための上意下達の告知、戦争に勝つためのプロパガンダ、広義で捉えれば政策推進のための政府広報や企業広報なども、この範疇の流れに属する。いずれも、ある個人や集団が狙ったとおりに、人々を思想的・物理的に操作・動員することを目的としている。国家は資金力があるので、マスメディア技術開発のスピードが速い。

　たとえば、多数決による市民の合意、という民主主義の手続きが不要な政治体制であれば、当然のことながら、国家が国内で流通する情報全体を

掌握するために、マスメディアを徹底した管理下に置くことになる。現在の中国の新聞は、政府のメディア政策である「新聞は政府の喉と舌」、すなわち、政府の宣伝機関であることが定められている。良い記者とは政府の喉と舌として、政府の意向の伝達に専心する者である。新聞にとどまらず、テレビドラマのような娯楽に至るまで、本格的かつ広範囲な検閲管理体制が組織化され、実行力をもって稼働している。

　第二のマスメディアの機能分化は、公益に由来する。市民が政治の主体者となるためのニーズ、すなわち、民主、という政治的理念を実行していくうえで必要不可欠ゆえに生じてきたものである。民主主義の国において、市民は三つの公的権力（立法、司法、行政）の動向を知る必要がある。市民は、これら全部を自分で直接見聞きして歩くことができないことから、その作業を新聞記者に信託する。かつて市民社会への移行期にあった英国で、王族、貴族、資産のある市民、という三階級だけで構成された議会の様子を、新聞記者が場外の人々に伝えたことで、議会の流れが変わっていった。新聞が第四階級（fourth estate）と呼ばれる所以である。

　米国では市民の政治的自由にとって、情報の迅速かつ正確な共有がなによりも重要との考えが、広く浸透している。浸透している理由は、信教の自由を求めて移住してきた先人たちが、さらに政治的自由を求めて武器を手に戦うことになった建国（独立戦争）の経験に基づく。植民地新聞は、英国から派遣された領主の横暴を批判した。そのことで激しい弾圧にさらされながら植民地同士をつなぎ、やがて英国から独立するために民兵を組織した戦いへと踏み出す合意形成の場ともなった。独立戦争の開始時には、ポール・リビアがいち早く英国軍の動きを人々に伝えて勝機をつかんだ。市民が情報を得ることの重要性を、米国の人々は、このような物語で、子どもの時から学校で教えられている。

　フランス市民革命の経験も、同様に市民の自由と平等と政治参加に、言論の自由を前提とするマスメディアが不可欠との社会認識を形成している。今日、パリ近郊に国家予算で運営されるフランス国立視聴覚研究所（INA）があり、膨大な記録映像の保存・社会的共有・検証が可能なしくみが維持されているのも、こういった社会認識が浸透していることの現れといえる。

第三のマスメディアの機能分化は、利益に由来する。商業主義のニーズに沿って派生する。技術の変化に伴い、商業的に儲かるものを追求する流れから生じる。より早く、より広範囲に、より大量に、より便利に、より豊かな表現で……。あるいは、より面白いもの、よりたくさんの人が使うもの……。これからも、利用者のニーズに沿い、利用者のニーズを引き出しながら、より儲かる情報を運ぶマスメディアへと、新たな変化と分化を繰り広げていくことだろう。
　新聞や雑誌といったメディアの形状は同じでも、そのメディアが社会にもたらしている機能は、上述の3種類の目的に従って分化している。新聞イコールジャーナリズムではなく、新聞が主要なプロパガンダのツールとなりうるのは、このためである。

3　プロフェッション：プレスからジャーナリズムへの転換

　ジャーナリズムは、前述の第二の機能分化の流れの中で発生し、市民の政治参加と公益のためにある。これは、今日に至るジャーナリズムの存在意義であり、ジャーナリズム原論、あるいは、ジャーナリズムの原則論等と呼ばれている。しかし現実には、戦時や国防を理由に第一の国家主義の流れが肥大化する、あるいは、第三の商業主義の流れが極端に強くなる、といった時代の動きに左右される。その結果、第二の流れに国策強硬や利益最優先の風潮がなだれ込み、原論どおりにはいかず、本来の機能が果たせなくなることがままある。欧米のジャーナリズム先進国といわれる国々では、こういったジャーナリズム原論からの逸脱が著しくなると、業界内外でプレス批判の声があがり、検証が始まり、逸脱状況に名称がつけられる。検証結果をもとに、原論となっている社会的機能を蘇生させるための、新たな分化や脱皮を試みる。プレス批判は、英語圏のジャーナリズム改善を促す原動力となる。言論の自由度が民主主義のバロメーターだといわれる所以である。
　米国で、印刷物全般を表す「プレス」から、「ジャーナリズム」という概念が明確に分離するのは、1920年代である。商業新聞が都市部で複数販売されるようになる19世紀半ばからおよそ半世紀かけて、多くの批判にさらさ

れ、それを克服する方法が模索されていった。プレス、は印刷機が活字を紙に押し付けるという動詞(press)に語源がある。

プレス批判の流れは、大きく二つに分けられる。一つは、新聞社や雑誌社の経営者に向けられた、商業主義の行き過ぎに対する批判である。もう一つは、第一次世界大戦下で行なわれた、政府による戦時言論統制に関する批判である。1900年の初頭から第一次世界大戦を通じて、過度の利益や国益の追求によって公益が損われることに対するプレス批判が起きた。新聞はどうあるべきなのか、記者や編集者は誰のために何をするものなのか。社会を巻き込んで広がった議論を踏まえ、1920年代に全国規模で経営者とは別のジャーナリズム専門職能団体ができた。記者や編集者の行動指針となる綱領が制定され、理念と技術を訓練する専門職能課程も全国各地で基準化されていった。このときに作られた社会制度が、今日のジャーナリズムの基盤構造の表層部を厚く覆っている。

以下では、ジャーナリズムの基盤構造について、米国を事例として二つのプレス批判に注目しながら俯瞰する。

(1) 米国ジャーナリズムの歩み

米国は、戦争を経て英国から独立し、植民地13州が集まって話し合う大陸会議を経て、小さな連邦政府と大きな地方自治という二重構造をもつ民主主義の政治体制の連邦共和国である。デモクラシーの維持に必要不可欠と考えられていた政党新聞(パーティー・プレス)は、およそ以下の表のような経緯をたどって、今日のようなジャーナリズムになっている。

> **■米国ジャーナリズムの歩み**
> **18世紀末**：無料配布の政論新聞(パーティープレス)の普及・乱立・中傷合戦の過熱に対する批判。
> **19世紀前半**：人々が知りたいストレートニュースと広告の分化による商業新聞(ペニープレス)の普及。人を中心にすえ、人間の物語として社会問題を提示する手法(ナラティブ・スタイル)の開発。
> **19世紀末**：利益追求型のセンセーショナリズムの行き過ぎに対する批判と、

社会改良型の第一次ニュージャーナリズムへの共感・賛同を得て、新聞の機能が分化し、後者がジャーナリズムの手本となる。

1910年代：社会改良型ジャーナリズムの流れの中で、それまでの論説による改善のための政策提案にとどまらず、記者が徹底的に証拠をかき集めて隠されている不正や汚職を告発するマックレーキングの手法が開発され、主に雑誌を土俵として広がる。

第一次世界大戦下：政府による言論の自由の制限や統制の甘受、戦時広報の積極的流布。

1920年代：政府による言論の不自由への懸念から、ジャーナリズム・プロフェッションの制度構築（職能団体の結成、規範の国内標準化、大学における記者養成教育課程の開発と標準化など）。

1930年代：金融大恐慌下で狂騒的なジャズ・ジャーナリズムや娯楽色の強いタブロイド・ジャーナリズムに対する批判。ニューヨークタイムズなどを筆頭として、客観的な取材手続きで事実と確認された情報を重点的に伝える手法（逆ピラミッド型5W1Hのインフォメーション・スタイル）の開発と定着。

第二次世界大戦下：戦時情報戦への協力。武器としてのマス・コミュニケーションに対する世界的自覚。

1940年代：マスメディアの巨大化にともない、社主の権力やマスメディアの影響力が大きいことへの懸念と批判が広がり、言論の自由の権利概念に、社会的責任論の意識が加わる。

1950年代：赤狩り旋風に飲み込まれたことへの反省や、冷戦下で強大化する大統領特権に対する懸念から、法曹界や議会、新聞業界が連携して言論の自由のための知る権利闘争を開始。テレビ放送の始まり。

1960年代：客観的な手法の行き詰まり打開のための、第二次ニュージャーナリズムの試み。ベトナム戦争における写真や映像によるジャーナリズムの発展。知る権利闘争の継続。

1970年代：公的情報の公開原則（情報自由法）の法文化。ペンタゴンペーパーズ事件、ウォーターゲート事件、アリゾナ・プロジェクト等といった調査報道への社会的評価の高まり。長期にわたるチーム調査報道の開発。

1980年代：メディア資本のコングロマリット化とパソコンの普及による現

場の機械化、省エネ化。
1990年代：湾岸戦争での衛星放送を駆使した新たなテレビジャーナリズムの開発。硬直化したメインストリーム・ジャーナリズムを補完する市民目線のシビックジャーナリズムの開発。
2000年代：コンピュータやネットを取り入れたオンライン・ジャーナリズムの開発、市民自身が記者となるシチズンジャーナリズムやブロガージャーナリズムの広がり。
2010年代：調査報道のグローバルネットワーク化とデータ・ジャーナリズムの開発

（2）プレス批判①――経営者の利益追求とジャーナリズム

　新聞業界の商業主義批判は、社主や経営者による新聞の私物化に向けられてきた。当時、販売部数アップのために、経営者や社主が記者や編集者に、エロ・グロ・ナンセンスを含むセンセーショナルな記事や読者に迎合する記事の作成、特定の政党や政治家に肩入れしたり広告主に手心を加える偏向や偏重を強要することが多かったのである。この種の批判の代表格は、小説家でマックレーカーとしても名高いアプトン・シンクレア（Upton Sinclair、1878-1968年）の批判である。

1）アップトン・シンクレアの『ブラス・チェック』

　マックレーカーとは、気づきにくい社会問題の深層を掘り起こすために、時間をかけて独自に丹念に事実を集め、長文の報告書として雑誌などに告発していく作家や物書きのことである。その手法は、問題となっている事実の掘り起こし方が徹底しており、熊手（muck）で汚物をかき集める（rake）、あるいは、肥溜めを熊手でかき混ぜる、という意味で、マックレーキングといわれるようになっていた。

　大学卒業後の若いシンクレアは、こういったマックレーキングの手法で、1906年に『The Jungle』[4]を出版した。内容は、米国シカゴの精肉産業における利潤追求を最優先にした、不衛生極まる現場の実態を告発するものだった。シンクレアは、缶詰工場の労働者として50日間にわたって働き、労働

者たちと生活した。そこでの実体験をもとに、汚物にまみれた加工現場や、病気の牛も食肉として売買している実態、賃金奴隷生活に等しい牛肉トラストの仕組みについて、長編の報告書を書いた。掲載してくれる雑誌社や書籍の出版社を探す段階では、精肉業界や地元の新聞記者による工場主擁護のための妨害がさまざまにあった。

　当時の缶詰産業は急成長中で、マスメディアにとって大きな広告主であり、地域にとっては大きな税収源でもあった。シンクレアが社会主義者であることを公言していたこともあり、告発記事の掲載先はなかなか見つからず、あっても記事の部分削除などの条件が付いた。そこで、今風にいえばクラウドファンディングのように、知り合いを通じて広く出版のための資金を集め、自費出版する段取りを進めた。その途中で出版社のダブルディ社が内容に共感したことで、報告書は日の目を見た。非常に大きな反響があり、食肉の衛生管理に関する二つの法律が制定されるなど、社会を動かす本となった。

　その後シンクレアは、この時の自らの経験から、当時の米国の新聞業界が深く資本主義に汚染されていることを実感し、新聞・雑誌・広告・印刷といったさまざまな関連業界を検証していった。それが、1919年に自費出版された『The Brass Check』[5]である。いかに新聞経営者たちが、広告主を優先させているか、いかに地元政府や有力者の提灯を持っているか、いかに市民が知るべきことを経営者が握りつぶしているか、といったことを赤裸々に具体的に実名で暴露していった。

　今日の社会における内部告発と調査報道を組み合わせた手法を使った、自らの属する業界を告発する内容だったために、掲載を引き受ける出版元は見つからなかった。自費で出版しようと準備を始めたところ、地元の大手新聞社が印刷業者や紙業者にまで圧力を加えたため、印刷用の紙を入手できず、初版は薄いハトロン紙での出版になった。しかし、瞬く間に話が広がり、半年後には異例の15万部を超え、多くの翻訳もなされていった。資本主義のなかで、新聞の機能や言論の自由が大きく変質していることへの危機感が、広く社会に共有されるきっかけとなった。

　同書のなかでシンクレアは、公共とは、新聞記者にとっては有産階級のことだと批判している。新聞社でもっとも強いのは社長と営業部で、記者や編

集者に対し「記事として扱わないリスト」を配布している。リストには、鉄道や運輸業、公共事業、石炭や石油、公設市場や業界トラスト、大企業に不利益をもたらす労働運動に対する弾圧などが含まれていると、実証的に記述している。この方法は戦時の検閲体制ではよく見られるもので、今日の中国の新聞社にも同様のリストがあり、記者や編集者に配布されている。同書は、シンクレアが米国の大きな問題として定めた四つのテーマ、すなわち、教会と宗教、新聞・雑誌業界、大学と教育、芸術と文学、のうちの一つで、最終的には全体で6巻になる大著となった。

2) ブラス・チェックの批判点

ジャーナリズムの倫理研究で著名なジェンセン (Jay W. Jensen) らによると、ブラス・チェックが提起した批判点は、①全国の定期刊行物が所有者に直結している、②刊行物が地域のルールを作っている、③広告などの商売が刊行物に影響を与えている、④これらの刊行物は儲かるものを推進し、相反する考えを批判する、の4点に集約されるという[6]。1920年に発行された書籍において、民間企業ゆえの社内的言論の不自由に関し、今日に至る批判軸がすでに構築されていることがわかる。

この種のプレス批判としては、古くは1859年にベテラン編集記者ウィルマー (Lambert A. Wilmer、1805-1863年) が、自らの13年間にわたる編集者・記者の体験をもとにロンドンで出版した書籍『Our Press Gang; or, A Complete Exposition of the Corruptions and Crimes of the American Newspapers (新聞暴力団;米国新聞業界の汚職と犯罪を徹底解説する)』や、米国でウィル・アーウィン (Will Irwin、1873-1948年) がコリアーズ誌に連載した15本の記事「"The American Newspaper: A Study of Journalism in Its Relation to the Public."(米国新聞：人びととの関係におけるジャーナリズム研究)」なども著名である。アーウィンは、サンフランシスコ・クロニクル紙やニューヨーク・サン紙の記者、マックルアーズ誌の編集長などを歴任している。こういったいずれの批判も、新聞経営者や広告主、金持ちや権力者による新聞の私物化が市民にもたらす弊害を主題としている[7]。

これを今日の日本の文脈で言い換えれば、人事権と編集権を経営者がも

っていることによって、本来、市民のためにあるはずの新聞が機能不全に陥ってしまう、という構造上の欠陥について問題提起しているのである。欧州のさまざまな国でも同様の欠陥が見られ、市民社会の自由を起点として、改善の方法を国ごとに作っている。教育制度の強化、免許制の導入等、国によってさまざまだが、いずれの狙いも、社長の経営権から編集者の編集権を分離することでジャーナリズムの機能を守ることが改善の柱となっている。

(3) プレス批判②——国家の国益追求とジャーナリズム

プレスからジャーナリズムへの分化を促した、もう一つの大きなプレス批判は、国家からの自立と自律に関するものである。

1)「明白かつ現存する危機」の原則

1917年に第一次世界大戦への出兵が始まる。米国にとって、建国以来初めてとなる大きな戦時国債が必要となった。兵士の出兵や特別予算の編成には、国民の同意が必要だった。勝つために敵のスパイ活動は防止しなければならない。こういった事情のなかで、1917年に防諜法、1918年に扇動法などが制定され、戦時言論統制が強化された。敵国はドイツである。ドイツ移民の多い米国で、防諜法との兼ね合いでドイツ語新聞は発行制限処分を受けた。反戦の主張に対する言論の自由は、非常時における国防との兼ね合いで制限されていった。

この時期に、今日にいたる言論の自由の制限に関する法的な判断基準として「明白かつ現存する危機」の原則が作られた。きっかけは、1919年に起きたシェンク対合衆国事件にある。社会党党首のチャールズ・シェンクが、徴兵を拒否するように呼びかけるビラを大量に配布した。その行為は表現の自由に値する公益性があるのか、国益を損ねる犯罪として罰則の対象になるのか、が法廷で争われたものである。

最高裁判所のオリバー・ウェンデル・ホームズ.Jr判事は、「明白かつ現存する危機」の原則を考案し、全会一致で認められ、シェンクは6カ月の有罪となった。この原則について、「映画館で火事だと故意に嘘を叫び、人びとがパニックになるような言動まで修正第一条が保護するものではない」といっ

た説明が有名である。

　「明白かつ現存する危機」の原則とは、以下の3項目の要件を全て満たす場合に限り、修正第一条が保障する言論の自由に制限をかけることを合法にする、という原則論である。その3要件とは、①ごく近い将来、実質的な害悪を明らかに引き起こす、②実質的害悪が甚大である、③言論の制限が害悪を回避するための唯一の手段である、というものである。たとえば、米国でベトナム戦争の政策転換を促すきっかけとなったペンタゴンペーパーズ事件（1971年）でも、この原則が使われた。政府が極秘にベトナム戦争中に行なった調査書の内容を、新聞が掲載していいかどうかをめぐり、ニューヨークタイムズ紙と合衆国が裁判で争い、新聞社が勝訴した。戦時中ではあるが直近の甚大な害悪を引き起こすものとは判断できないので情報秘匿にあたらない、逆に国民が知るべきことであるとの判断だった。シェンク事件とは逆に、この時は新聞社が守られることになる。

　いずれにせよ、第一次世界大戦下で政府の判断で言論が制限され、新聞社が閉鎖され、敵性外国人の人権が同じ国民のなかで異なる扱いを受けるという実体験を通して、新聞業界も市民も、言論の自由と国家の言論統制との関係、国家安全保障のための国家機密と市民が政治に参加する自由、国益と公益とジャーナリズムの関係について、再検討する必要を自覚していった。

2) ウォルター・リップマンの『自由とニュース』

　国家の情報統制に組み込まれた新聞に関するプレス批判の代表格としては、1920年に三つの論考を合本して出版されたリップマン（Walter Lippmann、1883-1974年）の『Liberty and the News（自由とニュース）』がある。表題の他、ジャーナリズムと法律の関係を論じたものと、この時代における自由の意味に関する論考が収められている。同書は、当時のニューヨークタイムズの記事などを内容分析し、根拠のないニュースの多さを実証的に示したうえで、第一次世界大戦で情報将校だった自分の体験を踏まえ、以下の問題を提起している。すなわち、情報操作されている環境の中で記者がニュースをとってくるには、プロパガンダに対処する技術が必要なこと、ニュース記事には

どこからのニュースかを明記しなければ、読者に正確に伝わらないことなどである[8]。取材源の原則明示、取材源を明示できないときはその理由の明示、という今日の欧米型プロフェッショナル・ジャーナリズムの原則は、この時期から具体的に現場の作法となってきている。

1889年にニューヨークで生まれたリップマンは、第一次世界大戦前後から1974年に85歳で亡くなるまで、ジャーナリズムに大きな影響を与え続けた論客である。ハーバード大学卒業後の1910年に著名なマックレーカー兼作家だったリンカン・ステファンズの助手となり、1913年にニュー・リパブリック誌の創刊へと仕事場を移す。1922年にはさらにニューヨーク・ワールド紙の論説委員となり、同紙廃刊以降の1931年より1967年までワシントンポスト紙などでコラム「Today and Tomorrow」を書き続けた。弱冠27歳でホワイトハウスの晩餐会に招待され、第一次世界大戦に陸軍大尉として関わり、パリ講和会議の草案を起草したことでも有名である。

第一次世界大戦後、相次いでリップマンは著作を出した。前述の『自由とニュース』のほか、『世論』(Public Opinion、1922年)、『幻の公衆』(The Phantom Public、1925年)、『道徳序説』(A Preface to Morals、1929年)等である。これらの書籍を通じて、世論、疑似環境、ステレオタイプ、といった新たな言葉を使い、マスメディアの社会的影響力に対する新たな認識を生み出していった。マスメディア、政府、市民の関係が著しく変化する時代を観察しながら、リップマン自身の考えも書籍ごとに変化していくことになる。この時期には情報環境に関する多くの論考が出版されている[9]。

(4) ジャーナリズムの公益性に対する市民意識の深まり

次頁の表は、1902年から1912年に、当時の主要雑誌10誌に寄せられた2154通の手紙の内容分析を行なったソーントン(Brian Thornton)の研究データである。これらの投書の3分の1弱がジャーナリズムに関するもので、市民もさまざまな角度から発言している様子が見受けられる。コリアーズやマックルアーズといった、当時積極的にマックレーカーの記事を掲載していた雑誌では、特にジャーナリズムに関する関心が高くなっている(表1)。手紙の内容としては、ジャーナリズムがパブリックサービス(人々への奉仕)であるべき

かどうか、ジャーナリズムが持つ道徳観は一般の道徳観と同じであるべきかどうか、といった話題が、投書の中で多く取り上げられている（表2）。こういった市民の声に応えるように、新聞ジャーナリズムのプレス（印刷物全般）からの分離、雑誌ジャーナリズムのプレスとの差別化が進んでいった。

表1　ジャーナリズムに関する読者の手紙（1902-12年）

雑誌名	手紙の総数（通）	ジャーナリズムに関する手紙の数（通）	ジャーナリズム関連の手紙の割合（％）
Arena	20	20	100
Collier's	220	195	89
Cosmopolitan	70	41	59
Everybody's	615	180	29
Haper's Weekly	1,108	127	12
Independent	9	0	0
Ladies' Home Jounrnal	73	52	71
McClure's	28	27	96
Munsey's	0	0	0
World's Work	11	10	91
TOTALS	2,154	652	30

表2　ジャーナリズムに関する読者の手紙の主な内容（1902-12年）

テーマ＼投書の数	Total Letters（通）	％ of Total
パブリック・サービス	246	38％
道徳観の維持力	117	18％
政党への肩入れ	114	18％
公平性	70	11％
言論の自由	51	8％
事実の探求	37	6％
常識	17	3％
投書の総数	652	

出典：Brian Thornton, "Muckraking Journalists and Their Readers: Perceptions of Professionalism," JH, 21:1, Spring 1995,（表1 p.30）（表2 p.31）

（5）ジャーナリズム・プロフェッションとしての基盤整備

　これまで見てきたようなプレス批判が提起している問題の解決策として、

業界内外で大きな論争となったのがジャーナリズム・プロフェッション論である。日本ではあまり馴染みがないが、プロフェッション (learned profession) は一般に神学・法学・医学をさす。訓練によって修得する特定の知識と技能が必要な専門職能で、国法とは別の規範を共有し、万人に対して平等にパブリック・サービスをする。そのために、専門教育制度と専門性を認定する専門職能団体がある。ジャーナリズムは、プロフェッションであるべきなのか、そうではないのか。この論争が、1890年代から1920年代にかけて、断続的に続けられている[10]。

　当時は、社会改良を志す新聞記者、雑誌で活躍するマックレーカー、ゆすりたかりの三文文士、下ネタや暴力ネタばかり書くライターなどが混在したまま、新聞や雑誌とざっくり認識されている。商業主義や国家主義による外圧が厳しいなかで、市民の政治参加の自由のための擁護者、という独立戦争当時の新聞の役割をいかに取り戻すのか、という課題は難問だった。その解決策として、影響の大きさや公共性の高さに鑑みて、ジャーナリズムを神学・医学・法学といった伝統的なプロフェッションと同様のものとして理念を再確認し、そのために必要な制度を作ることで、社会的にもプロフェッションであると認識を改めていくべきだ、というアイデアが出され、広まっていった。

　この論争の対立点は、専門職能としての規範による拘束と言論の自由の兼ね合いをどう考えるのか、国家からの自由との兼ね合いで国家認定の免許制度を使えないなかでプロフェッションの制度を構築できるのか、といった点だった。結果から言えば、伝統的なプロフェッションに求められる、国法に縛られないパブリックサービスのスタンスが、ジャーナリズムの社会的機能を守る最善の方法である、との合意が1920年代に形成され、今日にいたっている。合意の経緯は、主に以下の三段階を経ていった。

　第一段階は、19世紀末に主に新聞人同士のなかで議論された、自らの出自に関する大論争期である。プロフェッション論の最も強力な唱道者は、ジョゼフ・ピュリツアーである。社会改良主義新聞、いわゆるニュージャーナリズムの開拓に人生をかけたが、ひととき同業のハーストがしかけてきた販売競争によってイエロー・ジャーナリズムにはまった経験があり、ジャーナ

リズムはプロフェッションであるべき、という確信を持っていた。プロフェッションになるために、巨額の遺産をコロンビア大学に託し、ジャーナリズム規範を一般社会と共有するピュリツアー賞と、プロフェッションとしての専門高等教育機関となるジャーナリズムスクールを米国社会に遺した。これらはともに、今日の米国ジャーナリズムの質を維持する重要な機能を果たしている。

　第二段階は、商業主義の行き過ぎに対する市民社会と業界内部からの激しい批判への検討期である。前述のように、新聞業界の経営者による、政府や広告主との癒着や思想的偏見による言論の自由の排除、マスメディアの私物化といった業界内の問題は極めて深刻だった。これらの現状告発を受けてプロフェッション議論が前向きに検討された。果敢に業界内の問題を告発したマックレーカーたちがいて可能になった変革だった。

　第三段階は、さらにその後の戦時期における国家主義の出現と、言論の自由の国家による制限という合衆国の出自そのものに関する変質の兆しを受けての検討がある。リップマンに代表されるプレス批判がプロフェッション論を後押しした。

　この三段階を経て、米国のジャーナリズムはプロフェッションであるべき、という業界内外の合意が形成されていった。その現れと固定化として、1922年に全米新聞編集者協会が新聞経営者団体から分離して創立され、翌年に今日にいたる新聞倫理綱領が明文化された。その職業観は、ジャーナリズムがビジネスの対局にあるパブリックサービスを使命とするプロフェッションであるとの認識で一致している。この理念の国内標準化、および、この理念に沿った高等専門教育機関の全国展開が進み、今日のような理念と制度をもつジャーナリズムになっている。

　その後もたびたび社会批判にさらされ、この基盤構造の上で改善方法を検討し続け、市民の政治参加の自由の擁護、社会改良の実践、権力監視や番犬機能、公共圏の創出、知る権利の信託を受けての調査、といった原論的機能を維持・発展させてきた。この間、原論から逸脱しているかどうかを検証し、評価・警告を発し、新たな改善方法を開発・普及させる役割は、主に大学の研究と教育が担ってきた。研究の機動力や教育の質の向上力の源

となっているのは、ジャーナリズムの実践者たちと研究者たちの恒常的な人的交流である。資金源は、主にメディア企業や篤志家の寄付で賄われている。

米国の場合、こういった人的交流の基幹となっている団体は、教育関係では米国ジャーナリズム＆マス・コミュニケーション教育学会／AEJMC（www.aejmc.org、1912年創設）、ジャーナリスト関係では米国新聞編集者協会／ASNE（www.asne.org、1922年創設）や全米記者協会／SDX/SPJ（www.spj.org、1909年創設）などである。いずれも、プロフェッションとしてのジャーナリズムを理念として掲げ、その実現を目標としている。AEJMCだけでも、現在およそ50カ国3700人の会員がおり、後者のような専門職能団体は全国レベルからコミュニティレベルまで各地で多種多様に存在し、1万人を擁するような団体がいくつもある。会社や地域枠を超えて同業者の専門性でつながる専門職能団体の社会的存在感は、日本に置き換えれば、記者会や記者クラブではなく、弁護士会や医師会に近い。

調査報道、と呼ばれるものの大前提には、このジャーナリズム・プロフェッション論がある。プロフェッションは、国家のしもべでもなく、利益の追求者でもなく、市民社会の自由と公益に奉仕するもの（パブリックサービス）である。日本語でパブリックサービス（public service）が公共奉仕と訳されることがあり、公務員を連想させ誤解されやすい。さらに、国家からの言論の自由のために、ジャーナリズムの担い手が民間企業形態をとることから、ジャーナリズムや言論の自由といってもしょせん商売、言ったもの勝ちはいかがなものか、と捉える向きもある。プロフェッション（profession）を日本語のアマチュアの対語として誤訳するケースもある。しかし、現在も英語圏のジャーナリストたちの間では、自らの職業を表すために、professionという単語を頻繁に使う。狭義でジャーナリズムというとき、それはジャーナリズム・プロフェッションの省略語と捉えるほうが現実に近い[11]。

4 調査報道の系譜

ここからは、グローバルスタンダードとしての調査報道の系譜について述べる。米国の1910年代に話を戻そう。20世紀初頭の大量生産・大量消費の

風潮は、自由経済の暴走を引き起こした。工場の製造ラインから新聞業界に至るまで、利益最優先の経営者と、それに組み敷かれていく労働者がいた。不正な移民の強制労働、親を失った児童や貧困層の児童を集めての長時間工場労働などが横行した。大きな利益を貪欲に求める工場主や雇い主は、汚職や不正の隠蔽や抵抗の弾圧に暴力を使った。

　こういった社会の問題に取り組むマックレーカーたちの各種の調査報告は、新聞業界からはセンセーショナルといった批判があったが、市民からは社会を改良していく力として高く評価された。長文の報告は新聞に馴染まなかったため、雑誌ジャーナリズム、という領域が確立されていった。雑誌の普及はもっと早いが、文学とは異なり実証にこだわるマックレーキングの手法は、1910年代に確立している。この手法は、良いほうに使われれば社会を正す力となるが、悪いほうに使われると芸能人の私生活スキャンダル暴露などにもなった。どうすれば、良いほうだけに力を発揮できるのか、悪いものをどうやって取り除いていくのか、といった観点から、ジャーナリズムに関わる実践者や教育者のなかでも検証が続けられた。

(1) マックレーカーと社会改良主義

　草創期のもっとも著名なマックレーカーとしては、米国では、アイダ・ターベル、リンカーン・ステファンズ、エドワード・ラッセル、トマス・ローソン、アップトン・シンクレア、S. S. マックルアーなどがいる。英国ではハロルド・エバンスやウイリアム・ステッドらがこの範疇にはいる。狭義でいえば、マックレーカーは米国の雑誌ベースで報告や告発をした人たちのことを指す。政治的には中西部の進歩主義(Progressivism)、福音主義(evangelicalism)といった思想を支持する若者が多かった。S.S.マックルアーは、マックレーキング・ジャーナリズムの代表的な雑誌『マックルアーズ』の発行者でもある。同誌にアイダ・ターベルが掲載したスタンダード石油の汚職の実態暴露などは、当時のマックレーカーたちの手本といわれていた。

　広義でいえば、取材を続け、問題の実態や原因を究明して公表することで社会改良に尽力する新聞記者や写真記者の先陣たちがいる。たとえば、19世紀にすでにスタンダード石油の搾取の問題を調べて書籍を出したヘン

リー D. ロイド、移民の住居環境の劣悪さを写真で伝え、ニューヨークの賃貸住宅改善の条例を作ることになったジェイコブ・リース、精神病院の患者の悲惨な取り扱いの日常を暴露したネリー・ブライなど、著名な仕事が数々ある。新聞が単なる印刷物（プレス）ではなく、毎日の暮らしに必要なもの（ジャーナリズム）だと認識されていったのは、こういった人たちの仕事によるところが大きい。

　英国のステッドは、1883年に編集長を務めていたペンメル・ガゼット紙に、当時のロンドンでタブーとなっていた白人少女の奴隷売買と売春に関する告発記事を掲載した。当時の新聞界では、朝食のテーブルに乗せるのにふさわしいもの、というのが新聞の作法だったため、大きな批判を受けた。しかし、読者から多くの署名を集め、非合法性交渉の年齢を引き上げる法律の制定につながった。この告発記事内容は生々しいもので、13歳でも多少顔の造作が良くないと5ポンドからさらに値引きできる実態や、少女たちが騙されて眠っている間に性交渉を強制されることになって泣き叫ぶ様子などを、売春斡旋業者のところで観察して記事にしており、ステッド自身も罪に問われて収監されている。

　英国のハロルド・エバンスは、サンデータイムスのインサイトというコーナーを担当するチーム取材を率いる編集者で、サリドマイド薬に関する汚職の暴露などで著名である。さらに遡れば、1700年代から、文章を通して社会の問題提起に取り組んだ小説家や作家たちがいる。

　こういった流れは米国では、1950年代にトラック組合の横暴を暴いたアイオワ州の新聞記者クラーク・モレンホフ、個人週刊新聞を発行して独自の調査を続けた I. F. ストーン、70年代にウォーターゲート事件で一躍有名になったワシントンポストの記者、カール・バーンシュタインとボブ・ウッドワードなどへとつながっていく。

　参考までに、表3に1910年代にマックレーカーたちが取り組んだテーマに関するバリーの研究データを付記する。非常に幅広く、本数も多いことが分かる。1910年ころがピークとなっている。

表3　マックレーカーたちの扱ったテーマ別記事本数(2年ごとの集計)

テーマ／年	1901〜02	03〜04	05〜06	07〜08	09〜10	11〜12	13〜14	15〜16
児童労働	5	9	13	22	24	17	14	
教会、宗教		15	22	5	4	3	20	
環境保全	10		17	13	13	30	18	9
裁判所		13	10	21	15	7	12	
犯罪刑務所	6	6	11	6	5	4	3	10
教育	7	7	14		20	26	21	
賭博		11	12	16	28	27	13	
政府の所有					29	28	17	11
財産		18	7	4	16	15		14
発議、国民投票、リコール			23			21		
移民		12			25	29		
帝国主義		19	26	23	21	23	19	
保険		10	3	19	26	22	8	
労働、ストライキ	4	4	16	10	23	14	9	8
マックレーキング				26		25		
黒人、インディアン	8		15	9	14			13
ニュース制限			20	24	12	11	10	
政治汚職	1	1	1	1	1	1	1	1
大統領選			18	25	11	13	23	
差し止め			25	20	19	24		
売春					17	19	16	12
無添加食品		17	4	15	22	5	7	7
議会	9	14	8	11	3	12	6	
税					27	20		
貧困		16	9	17	18	18		
社会主義				18				
株式		3	6	3	9	9	5	5
関税			21	12	6	8	22	15
信託	3	2	2	2	2	2	2	3
公共施設、公共料金			8	5	14	7	16	4	6
賃金	2	5	24	7	8	6	15	4

注：1901年から16年までに発刊された以下17の主要雑誌に掲載されたマックレーキングのテー

マを、2年ごとに集計した記事数。雑誌名：Arena, Collier's, Cosmopolitan, Era, Everybody's, Hampton's, Human Life, Independent, McClure's, Metropolitan, Munsey's, Outlook, Person's, Success, Twentieth century, World To-Day, World's Work.
出典：Barry, Peter Neil, *The Decline of Muckraking: A View from the Magazines.*（Wayne State University, 1973, Ph.D Dissertation），pp.34-35.

　米国のジャーナリズム史で見た場合、マックレーキングは1916年あたりで急速に下火になっている。主な理由は三つある。17年に米国が第一次世界大戦の実戦に参加したこと、マックレーカーの著名人のなかに社会主義者が多かったこと、マックレーキングに積極的な雑誌の広告収入が芳しくなく、記事を掲載できる場が減っていったこと、などである。マックレーキングの手法はその後、1970年代のウォーターゲート事件前後を皮切りとして、新聞社系のジャーナリストが積極的に取り入れて、調査報道というスタイルとして再評価されることになる。

(2) 新聞における調査報道の活性化

　ウォーターゲート事件は日本でも大変著名な出来事なので詳細は省く。簡単にいえば、地味な地方記者たちが、日常の一コマのような町の警察ネタを追いかけるなかで、大統領の不正を暴露する結果となり、現職大統領が辞任に追い込まれた出来事である。大統領側はさまざまな隠ぺい工作を展開したが、事実の積み重ねと名前を伏せた重要情報源からの情報提供によって、権力の暴走を押し返していき、ジャーナリズムの金字塔ともいわれる。この時の記者たちの取材方法は、取材時間のかけ方や連載記事の分量の多さなどで、1910年代のマックレーカーたちの手法と類似していた。しかし、これを新聞記者たちと編集者、編集局長、社主までが一丸となって展開した点が、大きく異なっている。

　本論の冒頭で記述したアリゾナ・プロジェクトの場合は、社をあげて、ではなく、各社所属、あるいは、フリーランスの記者たちが、自主的に集まってのチーム取材となった。こういったさまざまな形の調査報道が、1967年に制定にこぎつけた情報自由法（FOIA）を支えとして、人々の知る権利の代行者となり隠ぺいされていた不正に光をあててきた。今日、グローバルスタ

ンダードとして語られる調査報道は、こういったマックレーカーたちの社会改良主義に基づく仕事と、新聞業界のチーム調査報道の延長にある。

　情報自由法は、冷戦期に顕著となる大統領特権や行政特権から市民の政治参加の自由を守り、言論の自由の形骸化を防ぐために、新聞業界、議会、法曹界が共同戦線をはって10年以上かけて立法にこぎつけた行政手続法である。すべての公の情報は開示される、公情報の人々への速やかな提供は公務員の義務である、という大原則がこの法律の骨子である。今日のデータ・ジャーナリズムも、同法があって可能となっている。もちろん、こういった法律にも抜け穴があり、戦時には公開原則を上回る機密原則が時限的に成立する。最近の国際調査報道のネットワーキングは、テロの頻発によって平時と戦時の見分けがつかず、世界的に国家機密が増える状況で機能不全に陥ったジャーナリズムを改善するひとつの手法なのである。

5　日本におけるジャーナリズムの役割

　これまで見てきたように、ジャーナリズムの先進国の多くは、政府や経営者の介入を防ぐために、パブリックサービスという理念を掲げ、長い時間をかけて、記者や編集者という専門職能での人のつながりを補強してきた。このつながりの強靭さによって、国益や利益の追求ではなく、公益と市民の政治参加の自由を守る。プロフェッションという共通の理論武装と、大学の高等専門教育課程や専門職能団体による人的連携によって人の石垣を築き、護民官や社会改良の担い手であろうとしてきた。

　プレスがジャーナリズムになっていく歴史的背景、マックレーカーたちによる社会改良の実績、パブリックサービスというスタンス、および、すでに血肉となって言語化されていないプロフェッションという理念とそれを支える現実社会の制度。これらを大前提として、その先の手法のひとつとして今日の調査報道ジャーナリズムがある、という全体構造を理解することが重要である。

　以下では、こういった英語圏のジャーナリズム基盤が形成される時期の、日本の報道界の特徴について、簡単に触れておく。

(1) 日本の「報道」業界の基盤構造

　日本は場合、1868年に明治新政府ができてから、1951年に占領軍がいなくなるまでの80余年にわたって、これまで見てきたような英米仏型の市民社会や言論の自由は存在していない。明治新政府はドイツ帝国を手本とする君主制の欽定憲法を定め、国民の義務としての兵役(徴兵制)を運用しながら、富国強兵・大陸拡大政策を推進していった。そのために、日清戦争、日露戦争、日韓併合、対華21条の要求、シベリア出兵、満州国の建設、日中戦争、太平洋戦争と外交上の戦いから実戦に至るまで、さまざまな戦いを続けていく。言論は、官製ものと国策推進に賛同する商業新聞以外の、特に国策に反対する意見の類が、明治8年(1875年)の新聞紙条例や讒謗律以降、さまざまな法律によって取り締まりの対象となった。

　自由民権運動は1889年の憲法発布までがもっとも盛んで、同時に言論弾圧もすさまじかった。その後、社会主義思想も厳しく弾圧され、大正デモクラシーは文民宰相の暗殺によって消滅している。1925年の治安維持法の施行以降は、反政府的言論や立憲体制を支持する思想の表明以外も幅広く弾圧され、33年あたりに検挙者のピークを過ぎる。戦時色が強くなってくると、平和主義者や国家神道以外の信仰者も思想犯として獄中死するようになる。37年に始まった日中戦争の翌年には国家総動員法が施行され、国体を護持し明徴するための言論統制も同法で明示されている。そのような国に、自由な言論というジャーナリズムの前提は、存在しえない。

　米国のジャーナリズムがプロフェッションの理念を掲げて社会制度の骨格を組み上げた時期に、日本は戦争を勝ち抜くための国家の武器として、新聞をはじめとするマスメディア業界全体を組み込んだ国家体制を作り上げたのである。記者クラブ制度、一県一紙制、新聞業界団体による業界の一元化、新聞経営者が政府与党のインナーサークルとなる距離の近さなど、今日の日本の新聞業界の制度的特徴はいずれも、この戦時国家体制の強度を上げるために形成されている。その体制の狙いは、国体護持という国家主義の徹底と、市民社会における言論の自由の封殺にある。

　第二次世界大戦後、GHQの指導の下で、言論の自由を前提とする民主社会への転換が謳われ、米国新聞編集者協会の綱領を手本として、1946年

7月に日本新聞協会が今日に至る新聞倫理綱領を掲げた。これまでみてきたように、米国の倫理綱領は、業界内資本主義と国家主義との戦いを経て、プレスからプロフェッションへと自律したジャーナリストの社会的役割を約束する社会契約書のようなものである。しかし、日本新聞協会は、経営者や経営者候補である編集幹部の集う業界団体である。そこにこの綱領を一枚を掲げてみても実質を伴うのは難しく、「絵に描いた餅」になってしまう[12]。

　日本の「報道」システムは、戦前・戦中の官製情報の流布に適した形になっている。そこでは記者は、不偏不党の客観報道論だけ守ればよく、意見しない伝達記事が最も好ましい。現状をこのように捉えて対処しないと、実りある調査報道ができたとしても、それが新聞やテレビで日の目をみるのは至難の業となろう。

　実際、戦後の日本における報道の歩みを振り返れば、国際水準の独自取材記事が出てくるたびに、政府の意向に沿う経営者の方針とぶつかり、編集者や記者が社を去ることになってきた。たとえば、ベトナム戦争期に「外報の毎日」を作り出した大森実（1922-2010年）や「報道のTBS」をけん引した田英夫（1923-2009年）、80年代の「読売大阪社会部」を率いた黒田清（1931-2000年）、古くは、大阪朝日新聞の白虹事件で退社した鳥居素川（1867-1928年）らや、戦前期に軍部批判の論説で退社に追い込まれた信濃毎日新聞主筆の桐生悠々（1873-1941年）らの状況は、いずれもよく似ている。経営者は、これ以上は会社と従業員を守れない、あるいは、一部社員の偏向による誤報だったと、自主規制の形をとって事を収めてきた。こういった対応の繰り返しは、20世紀を通じて業界構造に変化がないことの、ひとつの表れと捉えられる。

　他にも、市民のために仕事をしようとし、記事が掲載されない、現場から外される、記者職から他の部局に移動となる、といったさまざまな社内圧力、社内言論の不自由によって、社を去った記者は累々と続いている。1987年には朝日新聞阪神支局事件が起き、職務中の記者が編集局で暴漢に射殺され、その前後にも同社記者たちが言論を理由に暴力にさらされた。しかし、戦後も一貫して戦前の基盤を維持している日本の報道界は、専門職能としての人的な横のきずなを作る場や機会がほとんどなく、人一倍努力した記者が社内で孤立しやすい状況も変わりない。

日本の場合、これまで政府が直截的に現場に介入するのではなく、政府の意向を忖度する経営者による記事の握りつぶしや、社内人事異動によるもみ消しが繰り返されてきている。東日本大震災以降、日本の報道環境を支える言論の自由が目に見えて後退している。国連からの再三の警告や、言論の自由度の急落はすでに周知のことである。外交上の環境変化やテロ対策と呼応しながら、政府が立法という手段を通して言論の統制や操作に積極的になっている現状と、この状況にほぼ無反応な報道界の双方に対して、熟慮が必要であろう。

（2）インターネット社会が強みとなる国際ネットワーク

　ジャーナリズムに変革が求められているのは、日本に限ったことではない。米国でこの数十年、ジャーナリズムの改革を提言してきたビル・コバッチとトム・ローゼンスティールは、2010年に『BLUR』を出版した[13]。二人が2007年に出版し高い評価を得て改定を重ねた『Elements of Journalism』[14]では、ジャーナリズムの危機に対して、ジャーナリズムの原理原則を再確認し、そこからの逸脱状況に警告を鳴らし、改善策としてのシビックジャーナリズムを提唱するものとなっている。今回の続編では、すっかり様変わりしたインターネット情報社会を「もやがかかった状態(blur)」だとして、ジャーナリズムの役割を精査し、次の一手(Next Journalism)が必要な時期にきている、としてさまざまな提言を行なっている。

　コバッチたちによると、編集力でジャーナリズムの質に優劣がついた時代は終わり、情報の受け手自身が自分にとって必要な情報を編集する時代に入っているという。ジャーナリズムは、断片となっている情報を正しい文脈の中にいれて意味が分かるようにする役割や、情報収集と分析の仕方を指南するといった新たな役割と、公共圏の運営や権力の番犬機能といった既存の役割の強化の双方が必要であると指摘している。特に、正しい判断の役に立つ事実の掘り起こしと、的確な調査情報の提供がジャーナリズムの重要な役割であり、記事が掲載されている媒体単位ではなく、記事単位の個別利用が主流となると予測する。かつて情報源を明示しなくても、媒体の編集力に対する信頼で記事が通用した「神の声」時代は終わっており、記事ご

とに独り立ちできるような工夫が必要、という。

　今日、インターネットの普及により、広報関係の情報流通量が飛躍的に増えている。一般市民が記者会見の全体をネット中継テレビ局で見ることができる。かつてはありえなかったが、首相をはじめとする公権力のトップクラスのメッセージが、ブログなどを通して直接市民に伝えられていく。取材の仕方、必要な内容、課金の仕組み等々、さまざまな側面で業界の転換期が来るように思う。この環境の変化は、戦前期から続く官製情報の流通システムとして構築されている日本の報道業界に、今度こそ構造転換を促す可能性をもっている。

　行政府は国を安心・安全に、より豊かな国にすることを公約して、さまざまな政策を打ち出し、市民から預かった税金で予算を組み、実行に移す。こうして作られている社会の機能不全を発見し、原因を究明し、これでいいのかと報告するのが、調査報道ジャーナリズムの役目である。その検証と報告の能力を記者がもっていれば、その結果が政策に還元され、政治はもっと良くなるかもしれない。誰の公約は実効性があり、誰の公約は虚言の類になっているのか。どの政策は良い結果を生み、どの政策は期待した効果が得られていないのか。費用対効果はどうなのか。検証が必要なことには限りがない。公人や公的組織の、広報という名の政策宣伝に関して実態を確認し、実行責任を問う。検証力のあるジャーナリズムに求められる社会的役割は、大きくなるばかりである。

〈注〉

1——事件の概要や当時の写真が、http://www.ire.org/about/history/ に載されているので参照のこと。
2——Brant Houston, Len Bruzzese and Steve Weinberg, The Investigative Reporter's Handbook. A Guide to Documents, Databases and Techniques, Forth Edition, Bedford St.Martin's, 2002, pp.vii-ix.
3——早稲田大学ジャーナリズム教育研究所編『レクチャー現代ジャーナリズム』早稲田大学出版部、2013年。小糸忠吾『新聞の歴史——権力との戦い』新潮社、1992年、などを参照のこと。
4——邦訳は、『ジャングル』松柏社(アメリカ古典大衆小説コレクション)、2009年。
5——邦訳は、『真鍮の貞操切符　ブラス・チェック』早坂二郎訳、新潮社、1929年。
6——Theodore Peterson, Jay W. Jensen and William Rivers, The Mass Media and Modern Society, Rinehart and Winston, Inc. 1965, p.229.
7——この他、Hamilton Holt, "Commercialism and Journalism", 1909 など、新聞の経営者による機

能不全を指摘する書籍がいくつも出されている。

8——Walter Lippmann, Liberty and the News, Transaction Publishers, 1920, p.46-49.
9——たとえば、1920年に、第一次世界大戦で政府側の広報政策の責任者となったジャーナリストのジョージ・クリールが『我々はいかに米国を宣伝したか(How We Advertised America)』を出版し、大掛かりな戦時広報委員会の活動としくみについて詳細に記録している。本書の副題は、「アメリカの福音を世界の隅々にまで届けた広報委員会についての初の驚くべき話」である。大量の広報情報を流すことで情報を操作した手法が詳しく記述されている。
10——たとえば、Samuel G. Blythe, "The Making a Newspaper Man", 1912 といった編集記者たちの自伝的ジャーナリズム論、Willard G. Bleyer, ed., "The Profession of Journalism", 1918 といったプロフェッション論をめぐるさまざまな人の論考を集めて建設的な議論を牽引した大学教員の書籍などが多数ある。
11——拙著『ジャーナリズムの起源』世界思想社、2006年などを参照のこと。
12——たとえば、日本新聞協会が1951年3月にガリ版刷りで出した「アメリカ新聞発行者協会およびアメリカ新聞編集者協会の活動」という内部資料では、経営者団体と編集者団体の活動報告書などを抜粋翻訳した資料集となっている。日本新聞協会の運営のための参考資料で、167頁にわたる手書きの丁寧な資料集だが、内容は両団体の活動記録にとどまっている。
13——邦訳は、『インテリジェンス・ジャーナリズム　確かなニュースを見極めるための考え方と実践』奥村信幸訳、ミネルヴァ書房、2015年。
14——邦訳は、『ジャーナリズムの原則』加藤岳文訳、日本経済評論社、2011年。

第3章 調査報道ジャーナリストを阻む法的障壁
――厚く高い日本の壁

大塚一美

はじめに

　本書第Ⅰ部他章や第Ⅱ部の報告書が指摘するように、調査報道にはさまざまな課題が立ちはだかる。市民社会の理解のもと、ジャーナリズムをよくするため、コスト負担を含めた市民の主体的なかかわりが必要である。条件が整い、調査報道を行なうための取材活動ができたとしても、発表の場が十分あるか、という問題も残る。調査報道は日々のニュースと異なり、詳細な調査が核心であり、プロセスに時間がかかるゆえ、アウトプットの分量も当然多くなる。だからこそ、調査報道専門のメディアや団体の創設も目指されているのだ。また、調査報道は、権力による隠された不正などを明らかにし、社会問題化し、その改善までも視野に入れるため、取材対象による取材妨害等にも遭いやすい。調査報道はジャーナリズムをよくするための重要な方策である[1]一方、実現や定着が容易ではない。このことは海外の奮闘ぶりからも分かる。

　本章では、その実現を阻む壁に焦点を当てる。調査報道ジャーナリストは、取材が困難になるさまざまな状況にぶつかることになる。それは主として、法律が情報を隠したり、出にくくするということである。しかも、それらの法律は、聞こえが良いものばかりだ。「この法律があったほうが、私た

ちの生活は安全になるのでは? 私たちの情報が守られるでは?」と思わされる。たとえば、公益通報者保護法だ。なんだか「保護されそう」で「良さそう」である。また、「テロを防ぐため、国の安全のために、秘密法制を作ります。監視活動を行ないます」と言われれば、反対しにくい。こうした、一般の人々からすると、詳しいことは分からないけど、「あると良さそう」な法律が、情報が外に出ることを阻み、調査報道を困難にする。その結果、「知らなければならない情報」は漠然とした「良さそう」の犠牲となる。調査報道ジャーナリストは、このような聞こえの良い法律によって隠された情報を掘り起こす使命がある。そのためには、法律によってすでに築かれている障壁を知り、それを突き崩す術を備えなければならないだろう。

　以下のような構成とした。1は「障壁はすでに築かれている」と題し、調査報道を困難にする法律を紹介し、注意を喚起する。2は「米国で起きていることは日本でも起きる?」と題し、米国での取材報道の自由をめぐる困難な状況を見るとともに、日本における兆しを探る。3は「さらに深刻にする要素」として日本で特に問題とすべきことを指摘する。これらを踏まえ、4と5では、日本のジャーナリズムに対し筆者が感じる点とその解決への提言を行なう。日本が同じ道をたどるかもしれない米国の状況を参考にしながら、日本の問題を把握し、現状を考えるように進めていきたい。

　日本に、日々より良い調査報道を行なおうと奮闘している人々が少なからず存在することは確かである。しかし、それが知る権利の主体である市民に十分理解されていないのではないか、というのが外部から見ている筆者の危機感である。これが本稿の問題意識だ。

1　障壁はすでに築かれている

　さまざまな困難な条件をクリアし、いざ、調査報道を行なうという段階になって、権力側が築き上げた高い障壁に気づくのでは遅すぎる。あらかじめ、障壁を把握し、その法律は妥当なのか、不当性を闘う術はないのかと考えておくことが重要だ。

(1) 秘密法制

　秘密法制があることで、情報が出にくくなる。だからといって、秘密法制の存在自体を全面否定することは難しい。安全保障上や外交関係の情報に真に秘密にすべき情報もある。だが、秘密指定や監視などの情報コントロールによってテロを抑止できているのか？　それは否であろう。にもかかわらず、世界でのテロ頻発は、情報を囲い込む法律の力を強めている。この妥当性についてまず追及しなければならないが、それは筆者の能力を超えるため本稿では扱わない。

　ここでは、秘密法制が調査報道を阻む点について考えたい。日本では、特定秘密保護法が制定された。この法案をめぐっては、多くの批判が噴出し反対運動も起きたが、法律は制定された。米国では、2001年の9.11同時多発テロを契機に、情報秘匿の傾向が非常に強まった。さまざまな法律や制度を通して、多くの秘密を指定するシステムを構築している。

1）日本：特定秘密保護法

　2014年12月に施行された特定秘密保護法は、比較的新しい法律で、制定までに曲折があったため、現役のジャーナリストには非常になじみ深い法律だろう。運用開始以降、秘密指定件数などは話題となるが、同法の深刻な問題点が報じられることは多くない。しかし、問題がなくなったわけではない。この法律スレスレの取材報道活動が行なわれ、この法律が取材報道に与える危険性が明らかになるような事例が、今のところ生じていないだけではないか、と筆者は考えている。本稿では、調査報道を阻むという視点から、特定秘密の指定や解除の問題点（①、②）と取材報道の自由（③）に絞って手短にまとめたい。

①特定秘密の指定

　特定秘密は、行政機関の長が当該所管事務に係る①防衛、②外交、③特定有害活動の防止、④テロリズムの防止の4分野に関する情報から指定する。この4分野は、それぞれ細目に分かれ、計23項目である、この23項目は法の別表に掲げられている。それをさらに細分化した政府運用基準55項目も

示されている。しかし、これはあくまで運用基準である。上記③の特定有害活動とは、日本にとって不利益で他国のためになるいわゆるスパイ活動を指す。ここに全てを挙げることはできないが、23項目の中で散見されるのが、「〜その他の重要な情報」というフレーズである。たとえば、①防衛に関する事項の第2番目は、「防衛に関し収集した電波情報、画像情報その他の重要な情報」となっている。限定しているようで、まったく限定になっていないのである。また、行政機関の長がその所管事務に係る情報について判断するのだから、身内の判断となる。裁量の余地は大きい。政府運用基準55項目に細分化したところで、どの文書がそれらの項目にあてはまるのかを解釈するのは各省庁である。秘密指定の妥当性チェックは依然むずかしい。

②秘密指定の解除

　指定の有効期限は、5年となっているが、30年まで更新できる。その上、4条4項各号に掲げられた情報については、60年を超えることができる。しかも、この第7号は「前各号に掲げる事項に関する情報に準ずるもので政令で定める重要な情報」となっている。ここでも、1〜6号で具体的で明確であるよう装って列挙しながら、最後の7号で裁量の余地を用意しているのである。

③取材報道の自由との関係

　立法過程における曲折を経て、22条1項に「この法律の適用に当たっては、これを拡張して解釈して、国民の基本的人権を不当に侵害するようなことがあってはならず、国民の知る権利の保障に資する報道又は取材の自由に十分に配慮しなければならない」、同2項に「出版又は報道の業務に従事する者の取材行為については、専ら公益を図る目的を有し、かつ、法令違反又は著しく不当な方法によるものと認められない限りは、これを正当な業務による行為とするものとする」という規定が入った。

　これで、取材報道は安泰なのか？　そうではない。1項はその規定にもあるように、「配慮」である。特定秘密の漏洩については、報道機関等も罰則の対象となる。では、2項はというと、「法令違反」はまだしも「著しく不当

な方法」とはどのような取材方法かは、明確ではない。広く解釈される余地がある。元共同通信論説副委員長の故藤田博司氏は、「著しく不当という疑いを持たれ、例えば特定の記者や報道機関が捜査の対象になれば、疑われたこと自体が取材を萎縮させる大きな威嚇効果を持つことになる」と指摘している（朝日新聞 報道と人権委員会。2014年3月22日同紙11面）。

　特定秘密保護法には、さまざまな批判すべき点があるが、調査報道との関連でいえば、指定や解除の仕組みには裁量の余地が大きいうえ、最悪で60年以上も秘密を解除されないことが最大の問題である。また、内部告発との関係でいうと、行政機関等で特定秘密を取り扱う予定の者には、当該行政機関の長による適正評価が課される。それをクリアした者が「特定秘密取扱者」であり、一種の資格・地位となる。したがって、これで得た一定の職位などをなげうって、内部告発に踏み切るということはより難しくなるのではないだろうか。この点からも、特定秘密保護法は、調査報道にとっての障壁となる。

2）米国：パッチワーク的秘密法制

　米国では9.11を機に情報統制が非常に強まった。即座に作られた愛国者法[2]では、テロ対策のための情報収集の政府権限が拡大された。同法は時限法であったが、2006年に恒久化された。さらに、2004年に国家安全保障法（National Security Act of 1947）が改正されるなどして、情報を監視、統制する体制が強まっていった。

　2005年末には、国家安全保障局（NSA）が外国諜報監視法（Foreign Intelligence Surveillance Act, FISA）を遵守することなく、米国内所在の者の通信を監視対象としていたことが発覚[3]し、批判が噴出した。しかし、当局は同法を改正することによってこの問題をクリアしてしまった。それが、2008年7月に成立した改正外国諜報監視法[4]である。

　この改正の特徴は、外国人を監視対象とする場合、外国諜報監視裁判所（Foreign Intelligence Surveillance Court, FISC）の個別的な承認なしに、米国外に所在する外国人への監視活動を行えるようにしたことだ。ここで注目すべきこと

は、この改正後も米国人については、FISCの承認が必要で、監視から保護されていることである。ところが、エドワード・スノーデン（Edward Snowden）氏の暴露で判明したように、NSAは米国人の通話履歴やインターネット情報など膨大な情報を、無制限かつ包括的に、我々がよく使う有名な通信会社から秘密裡に収集していた[5]。このように、9.11後に法制定、法改正で情報統制を強めて秘密を増大させたうえ、市民から見えない組織の内側で法律の根拠なく市民の情報を収集していたのだ。

スノーデン氏の暴露で高まった監視活動への批判を受け、オバマ大統領は諮問機関を設置し、そこから『変動する世界における自由と安全保障』という報告書が出され、この報告書に沿った大統領演説も行なわれた。こうしたなかで、行き過ぎた監視活動を改めるための法案が提出され、2015年6月2日に2015年米国自由法[6]が成立した[7]。この法律は通信記録の無制限な大量収集の停止につながるため、一定の評価を得ている。しかし、依然課題も残されている。それは、「外国人と交信する米国人に対する通信監視」が許容されていることや「連邦法によらず、大統領命令や行政的な召喚令状が収集活動の根拠とされていること」などである[8]。

以下では、国防に関する情報や国家安全保障情報を保護することを名目とした秘密保護制度を概観する。制度全体は「きわめてパッチワーク的[9]」と評され、軍事、外交、安全保障関連などの国家秘密を秘匿することを目的とする法令は多数ある。その中心的なものとして、2で扱うスパイ防止法を挙げる。法律以外の秘密指定制度として、大統領令と執行特権を紹介する。

① スパイ防止法

本稿でスパイ防止法と呼称しているのは、Espionage Act of 1917で、防諜法と訳されることもある。これは、第一次世界大戦開始直後に議会を通過した戦時制定法である。大戦中は、反戦文書を配布した者を徴兵活動の妨害として起訴する際に根拠とされるなど表現規制法として使われた。戦後合衆国法典（連邦法律のうち一般的かつ恒久的なものを主題別に集めた公式法令）化された。その18.U.S.C. 793-798である。各条非常に長い規定なので、ここでは各条が何に関する規定なのかを一言で示しておく。

793条	国防秘密の収集、送信、喪失などの禁止
794条	国防情報を外国政府を助けるために収集し、渡すことを禁止
795条	大統領令が指定する軍の設備などの写真やスケッチの禁止
796条	大統領令が指定する軍の設備などの航空機からの撮影禁止
797条	写真・スケッチの公表や販売などの禁止
798条	機密指定された情報を公表などした者の処罰

　この中で、政府内の情報を漏洩(リーク)した者を訴追するために持ち出されているのは、793条と798条である。両条は規定の曖昧さが指摘されている。たとえば、この法律に散見される"willfully"(「故意に」等と訳される)という語の不明確性が、法律自体が「過度に広汎」になる理由となっている[10]。また、798条に規定されている"publish"(公表)の禁止が「実際、本条は過去にプレスに対して、情報を公表しないようにと威圧するために使われてきた[11]」と指摘されている。

②大統領令 (executive order)

　これは、「憲法、法律または条約を解釈し実施し、あるいはそれらの細目を定めるため、大統領またはその委任を受けた下部機関が定立する命令または規則」(田中英夫編『英米法辞典』)である。大統領令の中に、国家安全保障情報の秘密指定制度を定めるものがあり、現行は「秘密指定された国家安全保障情報」と題されたオバマ大統領令13526号(2009年12月29日)である。9.11以降の秘密の増大に歯止めをかけ、指定や解除の仕組みを明確かつ厳格にすることが意図された。秘密の度合いが高い順に、Top Secret、Secret、Confidentialの3段階に指定することとされている。

　指定対象の範囲や類型は1.4条に規定されている。(a)軍事計画・武器システム・作戦、(b)外国政府情報、(c)インテリジェンス活動(秘密活動を含む)、(d)機密情報源を含む連邦政府の外交関係または外交活動、(e)国家安全保障に関連する科学的・技術的・経済的事項、(f)核物質または核施設に対する安全防護策に関する連邦政府プログラム、(g)国家安全保障に関連するシステム・施設・社会基盤・プロジェクト・計画・防護サービスの脆弱性または能力、

(h) 大量破壊兵器の開発・生産・利用に関する情報である。

　明示されていて曖昧ではないように見えるものの、非常に数多く網羅的である。

③行特権 (executive privilege)
　これは、「高度に重要な行政上の職務遂行に必要と認められる場合に、権力分立の原則に基づき、議会や裁判所など他部門からの情報の開示請求を拒否する大統領特権。外交、軍事に関する秘密だけではなく、国内の政策決定その他に関する資料にも及びうる」(田中英夫編『英米法辞典』)。この中で、「開示されれば国家の安全保障を損なうおそれのある『軍事・外交上の秘密』を秘匿するための行政府の絶対的な秘密保護特権[12]」を特に国家秘密特権 (state secrets privilege) と呼ぶ。9.11後にブッシュ大統領が情報秘匿を拡大した。「情報の秘匿と開示のバランスが取れているとはいえず、むしろ情報秘匿の方に偏っている[13]」と評価される。

　米国の秘密法制は複雑なうえ、大統領の大きな権限ゆえに、各大統領が②や③によって秘密の範囲を変更することも可能である。オバマ大統領の任期も残り少ないが、秘密法制に対する態度には注意を要する。②で述べたように、大統領令では、9.11以降に増えすぎた秘密に歯止めをかけることを名目としつつ、より明確な仕組みで秘密の枠組みを確定している。そして、秘密と指定された情報の漏洩の疑いは、①で追及する。この合わせ技は、他の大統領が取らなかった策である。次の大統領がどのような対応をとるか、注意深く見ていく必要がある。

(2) 内部告発者保護制度
　これまで多くの調査報道が端緒としてきた内部告発について、それを保護することを名目とした法律が、逆に報道機関など外部への告発を萎縮させるという問題が日米双方で起きている。特に日本においては、2015年から16年に改正に向けた検討が行なわれているので、詳しく述べたい。

1) 日本の公益通報者保護法について
　日本にはいわゆる「内部告発者」を保護する名目の公益通報者保護法がある。これは2006年に施行された消費者庁所管の法律である。同法は2016年秋現在、改正のための検討が続いている。2015年に「公益通報者保護制度の実効性の向上に関する検討会」が設置され、2016年3月に検討結果を第1次報告書[14]として公表し、さらに検討するためにワーキンググループが設けられた。2016年12月前半に最終報告書の取りまとめが予定されている。
　以下では、この法律が調査報道やジャーナリズムにとって警戒すべき点や改正検討項目の中から調査報道を阻害する条件を明らかにしたい。最後にジャーナリズム側の見解を見る。

①この法律とジャーナリズムの関係
　この法律は、勇気ある者が不正を告発したことによって解雇されたり、「密告者」などと誹りを受けてきた多くの事例を背景に制定された。法の定める「公益通報」をしたことによる解雇を無効とし、降格・減給などの不利益取扱いを禁じている。しかし、保護の要件が複雑で労働者自身に分かりにくい、その要件が厳しすぎる、通報対象事項が限定されているなど法律全体の問題がある。名称や目的からは一見ジャーナリズムや調査報道と無関係であるが、調査報道に携わる者にとって、大きな問題を孕んでいる。

　この法律は、公益通報先として3カ所を定めている（3条各号）。
　1号通報先：当該労務提供先。社内での内部通報。
　2号通報先：処分または勧告等の権限を有する行政機関。
　3号通報先：その者に対し当該通報対象事実を通報することがその発生またはこれによる被害の拡大を防止するために必要であると認められる者。

　このうち、3号通報先に報道機関、消費者団体、事業者団体、弁護士会、個人などが想定されている。法律上、報道機関への公益通報が明文で定められているわけではなく、外部通報先のひとつとして想定されているということだ。これが、この法律とジャーナリズムの関係である。勤務先が不正を

行なっている場合、内部で情報を上げたところで、解決に結びつくのは容易でない。また、行政機関への通報は、通報を受けた行政機関が処分・勧告の前提として調査等の対応を取ることになるため、社内での通報者探し・特定のきっかけになるおそれがある。そこで、期待されるのが3号通報先である。しかし、この法律は3号通報の要件を非常に厳しく設定している。3条3号の条文を見てみよう。

> **3条3号** 通報対象事実が生じ、又はまさに生じようとしていると信ずるに足りる相当の理由があり、かつ、次のいずれかに該当する場合　その者に対し当該通報対象事実を通報することがその発生又はこれによる被害の拡大を防止するために必要であると認められる者に対する公益通報
> イ　前二号に定める公益通報をすれば解雇その他不利益な取扱いを受けると信ずるに足りる相当の理由がある場合
> ロ　第一号に定める公益通報をすれば当該通報対象事実に係る証拠が隠滅され、偽造され、又は変造されるおそれがあると信ずるに足りる相当の理由がある場合
> ハ　労務提供先から前二号に定める公益通報をしないことを正当な理由がなくて要求された場合
> ニ　書面（電子的方式、磁気的方式その他人の知覚によっては認識することができない方式で作られる記録を含む。第九条において同じ。）により第一号に定める公益通報をした日から二十日を経過しても、当該通報対象事実について、当該労務提供先等から調査を行う旨の通知がない場合又は当該労務提供先等が正当な理由がなくて調査を行わない場合
> ホ　個人の生命又は身体に危害が発生し、又は発生する急迫した危険があると信ずるに足りる相当の理由がある場合

このイ〜ホの要件は、1号通報先、2号通報先への通報の場合には問われない。3号通報先は、格段に要件が厳しい。これらの要件のひとつに当てはまるかを、通報をしようとする個人が判断することは非常に難しいだろう。これらの要件が撤廃されないかぎり、この法律が報道機関等外部への公益

通報を「保護する」とはとうてい言えない。

②なぜこの法律が調査報道を阻むのか

　調査報道はこれまでも内部告発を端緒として行なわれてきた。この法律は、上に見たように、報道機関への公益通報のハードルを高くしている。告発者が諦め、報道機関への内部告発が出にくくなるおそれがある。そうなれば、内部告発を端緒とした調査報道が困難になる。この法律は、調査報道を阻む。実際に、この法律が施行された後に、どのような変化があったのか。あるいは、新たにどんな懸念が生じているのか。

　検討会委員でもある読売新聞大阪本社編集員の井出裕彦氏は、消費者庁の意見聴取を受けた際に、法施行前後の状況について「法律が施行されて、内部告発が新聞社に来なくなったかというと、そうではありません。本当だったら、この法律があれば、内部告発は企業の中にとどまりますね。そういう法律だと思うのです。というのは、外部通報するには、報道機関も外部通報先なんですけれども、非常にハードルが高い。ところが、法施行前と余り変わっていないと思います」と述べ、その理由について「新聞社に対して、プロとして極限まで公平・公正な報道の立場で調査してくれるのではないか、という期待を通報者の方々が持っていらっしゃるのではないか[15]」と指摘している。同氏によると、明らかな変化はないようだ。同法が最も奨励している格好の内部通報が十分機能していないことの裏返しで、報道機関への期待が維持されているとの分析だ。

　では、現場で懸念されている点はというと、報道機関への公益通報のハードルが高く、同法で保護されないケースが生じることである。これについて、「『保護されない』という新たな不安を与えることで、内部告発をためらわせる空気の醸成につながることを危惧している」、「報道機関への内部告発がしづらくなった先には、どんな社会が待っているのか。じわじわと声を上げにくい世の中に代わっていくのかもしれない[16]」との指摘がある。

　法施行から10年の現時点で、法制定前後を比較して、この法律が直接的な原因で報道機関への内部告発の件数に変化があったか否かを検証することは困難だ。しかし、今後を含めた懸念は数々示されている。変化のあるな

しや懸念される点は、それぞれの現場に実感があるのではないだろうか。この法律の外部通報の高いハードルを再確認し、調査報道に携わる人々が法律の問題点を現場の視点から訴えることが重要だ。

③守秘義務導入か────改正検討項目に取材報道の自由を脅かす重大な問題がある

2016年秋現在、ワーキンググループが検討を進めている。検討会には、メンバー14人中1人ではあるが、メディアからの委員が入っていた(前述、読売新聞井出氏)。しかし、8人で構成されたワーキンググループにメディア関係者は皆無である。

検討項目の中で、取材報道との関係で重大な軋轢を引き起こしそうなのは、守秘義務である。現行の公益通報者保護法には、通報された情報の守秘義務はない。2号通報先の場合、行政機関の担当者などには、国家公務員法または地方公務員法上の守秘義務がある。他方、1号および3号通報先については、各民間団体(勤務先企業や報道機関等)の自主的な対応に委ねられる。また、民間向けおよび行政機関向けのガイドラインが策定され、通報者の個人情報保護について規定されてはいる。しかし、このように守秘義務および罰則がない状態で、通報者に関する情報漏洩事例が多数発生し、報道されたり裁判となったりした、と検討会では認識されている。そして、「守秘義務を課す必要性について認める意見が多くみられたほか、1号通報、2号通報、3号通報のいずれの通報であってもそれに関する守秘義務を統一するべきであるとの意見もあ[17]り」、守秘義務導入に向けた検討が行なわれることとなった。守秘義務を課す方向で守秘義務を負う者、対象情報など個別論点が検討されている。その個別論点の一つとして、「報道機関と守秘義務の関係」が挙げられている。

第5回と第6回ワーキンググループでは、報道機関の守秘義務と取材源秘匿の問題が取り上げられた。検討会段階では、報道機関に守秘義務を課すか否かについて、意見が割れていた。井出委員は「報道の自由は、憲法上保障されている言論の自由と相まった情報源の秘匿に基づいて認められているものであり、守秘義務の議論は、報道の自由との関係でも検討する必要がある」と主張したが、こうした意見は大勢ではなかった。ワーキンググループ

では、「報道機関にも守秘義務を課すことに肯定的な考え方」と「同・否定的な考え方」が挙げられ、議論されている。2016年10月中旬時点で明らかになっていることを示しておく。ワーキンググループ第8回と9回の主な検討項目として3号通報の義務が挙げられている。しかし、両論併記で、ひきつづき「慎重に検討を行うことが必要ではないか[18]」とのまとめにとどまっている。今後も注視が必要である。

　報道機関に守秘義務が課された場合に生じるであろう問題を列挙しておく。
・公益通報者保護法が不利益取扱い等を禁じているのは、国内の法律約2000本のうち、475本の法律違反を通報したときに限られる。しかし、報道機関に寄せられる内部告発は、違法ではないがコンプライアンスに違反する事柄や475本の法律以外の法律違反など、はるかに広範である。広範ゆえに、同法対象となるか否かを判別しにくい事例も生じる。守秘義務が課されれば、内部告発を端緒とした調査報道全体に影響が及ぶだろう。
・守秘義務を課し、その違反に刑事罰が科されることとなれば、取材源秘匿というこれまで維持されてきた倫理に、捜査当局の介入を招く可能性を伴う。
・情報提供者が守秘義務違反を理由にして、報道機関を提訴するおそれも生じかねない。

④報道機関の対応
　守秘義務導入の検討をめぐっては、2016年7月11日に日本新聞協会編集委員会が要望を検討会ワーキンググループに提出し、それが第6回のワーキンググループ資料として配布された。この要望で新聞協会は、「報道機関に対する情報提供と公益通報者保護法が想定する公益通報を同一視し、報道機関が第一とする『取材源の秘匿』という高度な職業倫理の本質を理解しない極めて乱暴な議論」とし、3号通報に守秘義務を導入するのであれば「報道機関は適用外」を要求、「『国民の知る権利』のためにある取材・報道の自由について十分に配慮し、慎重な議論」を求めている。

この改正の機を捉えて、同法が「改悪」されることが既定路線になりつつある危機感を市民の理解を得るべく提示することが非常に重要だ。「内部告発を受けたからといって、メディアは情報をうのみにして、そのまま報道することはあり得ない」、「取材による調査・検証を経て、内部告発の情報を精査し、裏付けを取る。調査報道の基本である[19]」というように、内部告発を端緒とした取材報道はいっそう用心深く行なわれているだろう。しかし、それが一般に十分理解されているだろうか。市民を報道機関の味方につける努力が今こそ必要だ。

2) 米国の内部告発者保護制度

　米国では、スノーデン氏以外にも、国家安全保障機関やインテリジェンス機関職員による暴露やイラク戦争における米軍の戦争犯罪の告発など、政権の行為を白日に晒す勇気ある内部告発が行なわれてきた。安全保障機関や軍の機密を暴露する行為は犯罪とされ、スノーデン氏のように海外に逃亡し得た例以外は、訴追され刑事罰を受けている。この種の暴露は内部告発者にとってまさに命がけである。安全保障分野や軍事情報に関して、国の膿を出す行為をした者を保護する法はあるのだろうか。

　内部告発者を保護する名目の法律は存在し、保護対象範囲は広い。一見期待が持てるものの、特定分野を除外する規定があって、上述のようなケースを保護しない作りになっている。以下では、内部告発者保護関連法を示し、調査報道の阻害要因として注目すべき内部告発者保護強化法の特徴としての保護除外規定を見て、同法が報道の萎縮を招くとの指摘を紹介したい。

①内部告発者保護関連法の近年の動き

　米国では、2010年以降、内部告発者保護を名目とした法律に動きがみられた。民間向けの法と行政機関向けの法がある。
- **民間向け**：ドット＝フランク・ウォール街改革消費者保護法（Dodd-Frank Wall Street Reform and Consumer Protection Act）国際金融危機の再発防止を目的に2010年制定。
- **行政機関向け**：内部告発者保護強化法（Whistleblower Protection Enhancement Act

of 2012) 1989年の内部告発者保護法[20]の保護内容を強化した。連邦政府職員による通報に対し、不利益取扱いを禁止することで保護する。1989年法と比較すると大統領直属独立機関であるOSC（U.S. Office of Special Counsel 特別顧問室）が連邦政府職員の訴訟を支援することができるようになった。

この他にも連邦法に内部告発者を保護する法がある他、各州法にも同様の機能をもつ法がある。

②内部告発者保護強化法の特徴——例外規定とは

調査報道を萎縮させるものとして注目しなければならないのは、①の後者、内部告発者保護強化法である。この法律は、行政機関内の犯罪・不法行為・運営の重大な過誤・多額の浪費等の報告への不利益取扱いを禁止するもので、内部告発による情報の出口を広げると期待された。しかし、実際のところ、「大統領による除外機関」が明記されていて当該機関の被用者には適用されない。それがFBI、CIA、NSA等の国家安全保障およびインテリジェンス機関である[21]。さらに、ジャーナリストへの情報提供は保護されない。したがって、スノーデン氏の行為が同法の保護対象とはならないのはもちろんのこと、ジャーナリスト等外部への国家安全保障関連の告発は全て同法の対象外である。

③これが取材報道を萎縮させる

人間が欲する安全に関する情報の究極は、国の安全ではないだろうか。国家安全保障に関する情報は敵対国との関係で真に機密指定されるべきものが存在するが、安全保障機関で働く者が内部で感知した不正、危険の放置、安全保障を名目として激化する秘密裡の人権侵害を告発する行為をすべて保護しない、と内部告発者保護強化法で宣言することは疑問である。

特に、2009年のオバマ大統領就任時には、政府の透明性と内部告発者保護への手厚い政策が約束された。だからこそ、出てきた2012年法が除外規定でバッサリとこの分野の調査報道の可能性を絶ったことには失望が大きい。政府情報リークで有罪となった元CIAのJohn Kiriakou氏の代理人Jesselyn Radack氏は、この法について、「内部告発者に関するこの取り組みは、

まさに、ジャーナリストと連邦職員の相互作用を萎縮させている」、自分のクライアントKiriakou氏のような政府情報を暴露した者について「彼らの暴露が最も重要で、意義深いだろうが、彼らのような者がまったく保護されない[22]」と同法の重大欠陥を指摘する。

　スノーデン氏の暴露内容を見れば明らかなように、政府による機密指定自体の不当性こそが問題とされるべきだ。それを踏まえると、本質的には、開示の許可が出ない、秘匿しつづけようとする情報の中にこそ、暴露されることによって社会の利益になる情報が潜んでいる。政府の膿を出す、不正を世に晒す、その結果良い社会の構築を目指すという公益に従った動機がある勇気ある内部告発は、法が上記のように保護の除外としようとも、調査報道を担うジャーナリストの立場からは、その除外自体の不当性と闘うことが必要だろう。

2　米国で起きていることは日本でも起きる？

(1) スパイ防止法による取材報道の萎縮

　前項では、内部告発者保護強化法が国家安全保障関連情報の出口を絶つものであることを指摘したが、オバマ政権においては、出口を絶つだけにとどまらず、政権側からすれば不本意にも出てしまった情報について、容赦ない追及が行なわれている。

　オバマ政権は、リークの取り締まりが非常に厳しい。6人の連邦職員が報道機関への機密情報提供により、スパイ防止法違反容疑で訴追されている[23]。ブッシュ Jr.政権以前のすべての政権における同種訴追の合計は3人であり、突出している。この6人は、①NSA職員Thomas Drake氏、②FBI翻訳者Shamai Leibowitz氏、③陸軍上等兵Bradley Manning氏、④国務省上級顧問Stephen Kim氏、⑤CIA元職員Jefferey Sterling氏、⑥CIA元職員John Kiriakou氏であり、この他契約職員2人（うち1人がAP通信に情報提供のSachtleben氏）も訴追された。情報の提供を受けたメディアやジャーナリストを直接訴追しているわけではない。しかし、情報提供者側への圧力を強めた当然の結果として、取材や報道が困難になる。「役人らに対する捜査が厳しくなれ

ば、それは重圧となり、情報提供も抑制する、見えない抑止力になることは間違いない。そしてその抑止力は、権力側が都合が悪い情報を隠匿するためにも使われかねない[24]」のである。

(2) ジャーナリストに対する電子的監視

　米国でジャーナリストがいかに電子的な監視を受けているか、事例を通して紹介したい。ジャーナリストは監視をされていることに気づくことができない。機密情報の漏洩が報道によって発覚し、その記事を書いた記者を召喚して情報源を証言させる、という必要はもはやないのである。電話や通信の足跡を電話会社、インターネット会社等から押収すれば済む話なのだ。

　日本でも報じられたように[25]、2012年5月FBIの元職員がテロ捜査関連情報を許可なく記者に提供した。この情報とはイエメンで起きたテロ未遂計画に関するもので、司法省はこの情報提供で「米国の国家安全が脅かされた」と主張した。2013年9月23日、同省は元職員のDonald John Sachtleben氏が有罪(司法取引の結果、禁錮43ヵ月)を認めたと発表した。

　この間の経緯を述べる。同氏による情報提供後、AP通信や他のメディアは、情報源を伏せて報道した。この報道を契機に、情報漏洩者を特定するための捜査が始まったのである。この捜査過程で、司法省はAP通信の主要な支局、記者個人の自宅電話、携帯電話の計20回線分以上、2012年4月から5月の2カ月にわたる通話記録を秘密裡に押収していた。司法省は同氏が有罪を認めた日に出した声明で「(秘密の)押収令状によって得たある記者が関係している電話番号の長距離通話記録と捜査過程で収集した他の証拠によって初めて、Sachtleben氏が容疑者と特定された」、「それによって、捜査員らは同氏の携帯電話、コンピュータ、その他の電子的資料のより網羅的な捜索を許可する捜索令状を得ることができた」と述べた[26]。

　司法省には、憲法修正第1条の保障と犯罪捜査の必要性とのバランスを図るため、ニュースメディアへのサピーナ[27]発付や記録押収を限定するという趣旨で28CFR Ch.1§50.10[28]いわゆる司法省ガイドラインがある。記録押収の対象者である記者やAP通信に事前通告なしに秘密裡に行なわれたことは、この指針に違反するとジャーナリズム側は強く批判した。

このほかにも、ニューヨークタイムズ紙のJames Risen記者の電話通話記録、メール記録、銀行口座、クレジットカード記録が調べられた。同記者の著書の内容についてその情報源を特定するためである。その結果、⑤の元CIA職員Jefferey Sterling氏が逮捕された。上述のように、Sterling氏は、スパイ防止法違反の容疑者であり、彼を特定するために、記者の記録が利用されたということである。さらに捜査当局は、Sterling氏の裁判過程の事実審理で証言させるために、Risen記者にサピーナを発付した。なぜなら、Sterling氏が自身の防御において、彼自身が国防関連情報の漏洩を行なったという直接的な証拠がないと強調し、情報源を秘匿した記事の記者に証言を求めたのである[29]。Risen記者は、情報源の特定にいたる監視をされ、そのうえ、情報源自身の裁判において証言を要求されるという集中攻撃を受けた。同記者は、サピーナ破棄を争っていたが、2014年4月、連邦最高裁はその申し立てを退けた。裁判所も記者を守らなかった。また、④の国務省の安全保障専門家であるStephen Kim氏の場合は、FOXニュースの記者の電話、メール記録が調べられ特定された。

　前項のように、政権内から情報をリークした者をスパイ防止法の違反者として特定することがオバマ政権下で突出して増加したことが注目されている。この特定件数の多さには、特定するための情報を関係者に気づかれることなく収集できた、という背景がある。スパイ防止法は、今のところ、ジャーナリストに直接的に適用されていないが、ジャーナリストが同法違反者特定の道具として使われてしまっている。こうした事例が著名なメディアで頻発することは、情報提供、取材報道ともに、激しい萎縮をもたらすだろう。公表されていない、通常の取材では出てこない情報を丁寧に調査することが主眼の調査報道において、この動向は、極めて高い障壁である。

(3) 日本にも兆しがある

　以上のように、米国における国家安全保障関係をはじめとするセンシティブな取材報道は、日本では一般に経験されていない苦境のなかにある。これは、米国特有の、日本には関係のないことなのだろうか？　そうではない、

ということを筆者は以下の1)、2)の点から、指摘したい。

1) 通信傍受法の拡大

　改正通信傍受法が2016年5月24日に成立した。改正の主な内容は、対象となる犯罪類型の拡大、および、通信事業者による立会いを要せず、捜査機関の施設における傍受を可能にしたことである。捜査機関にとって、「使いやすい」ものとなった。この法律が制定された1999年当時、法学部生であった筆者は、同法による通信傍受が犯罪容疑者と記者の会話を盗聴する可能性があり、それは取材源秘匿をはじめ、取材報道の自由に萎縮をもたらすのではないか、という趣旨で卒業論文を書いたことが思い出される。そんな若き日の懸念が、大幅に拡大された。

　こうした流れはこの改正に留まらない。今後は、特に東京五輪を控え、テロ対策との名目で、裁判所の令状なしに通信傍受を認める行政傍受の導入もあるかもしれない。読売新聞社説や産経新聞社のネットニュースがこれを是認する主張をしたことに「行政傍受の導入は、テロや安全保障の名のもとに犯罪との関連なく、司法の許可もなしに捜査機関等の一存で通信を盗聴できる恐ろしい代物である。市民の自由と人権を脅かし、市民監視を進めるメディアの提案を徹底的に批判することが必要だ[30]」と強い懸念が示されている。これは、米国においてFBIが記者の通信を秘密裡に監視していたことと軌を一にする。裁判所の判断が介在しない行政機関による監視には歯止めがない。警察等公権力による市民監視も進んでいる[31]。監視が日常に入りこみつつある現状を調査報道ジャーナリストが伝え、市民と危機感を共有する必要がある。

2) 常岡氏の捜索・押収

　いまひとつは、ジャーナリストの常岡浩介氏に対する捜索・押収である。同氏は、イスラム国の取材経験があり、関係者との連絡手段を持つ日本で稀有な人物である。同氏は、2014年10月7日にイスラム国へと出発する予定で準備をしていた。人質となっていた湯川遥菜氏を救出できる可能性があったからである。しかし、前日6日に、私戦予備・陰謀事件の関係先として、

家宅捜索を受け、取材道具のほか、連絡手段であるスマートフォンやパソコンなどが押収された。そのため、イスラム国に行き人質の救出することはできなかった。

この家宅捜索の深刻な影響として、常岡氏は「私が持っていたイスラム国関係の連絡先などもすべて押収されたために、取材源の秘匿が不可能にされてしまったということです。さらに、単に秘匿するだけでなくて取材源の保護も難しくなってしまったという状況に陥りました」、「例えば、私がオマル司令官に連絡を入れようとすれば、盗聴される危険が非常に大きくなる。そして向こうの連絡先がわかっているということは、例えば逆探知されて、発信元を突き止められて、そこを攻撃されるなんてことすらあり得る[32]」と語っている。また、私戦予備・陰謀については、「過去に適用されたこともない事件でありまして、妥当性があるのかないのか疑わしい事件で、警察は強制的に私たちの情報を奪っていった[33]」と指摘する。

聞きなれない犯罪の容疑を持ち出してきて、ジャーナリストや情報源を狙い撃ちにする手法を日本の警察もとっている。本件は、常岡氏の取材報道の自由、情報源の安全が損なわれたことに留まらない。この捜査によって湯川氏救出の可能性が絶たれたのである。湯川氏が救出されていれば、後藤健二氏が殺害されることもなかっただろう。命にかかわる問題だった。

3　さらに深刻にする要素

日本で調査報道ジャーナリストを阻む障壁をより厚く高くする要素は他にもある。名誉毀損法制が権力批判にとって足枷となっている状況と、情報公開法と公文書管理法が制定当時の問題を放置し、情報が出にくくなっていることだ。

(1) 名誉毀損法制

これまで見てきた日本の法律や問題点は、米国と比較すると、同じくらいひどい状況であるか、まだ米国ほどひどくはないけれど、同じような状況はそこまで来ているというものであった。しかし、名誉毀損法制が表現の自由

全体、特に調査報道を妨げている状況は、米国より「格段にものすごく」ひどい、といえるのではないだろうか。

　名誉毀損法制は、憲法21条の表現の自由との調整のため、人の社会的評価を低下させたとしても、その情報に①公共性、②公益性、③真実性があると立証できた場合、責任を免除されることになっている(刑法230条の2)。また、③真実性は、たとえ真実と証明できなくても、真実と考えてもっともだ、という「真実相当性」の証明でも可である(最高裁判例より)。ここで注意を要するのは、立証をする責任は表現をした側にあるということだ。

　調査報道は、たとえば権力者の隠された一面を暴くことにより、その人物の社会的評価を低下させることがある。もちろん、これは隠された「真の一面」を暴いているので、それを世の中に知らせることは、市民にとって権力者を判断する材料となり、調査報道の核心的な対象だ。ところが、ウソや中傷をばらまいたのならいざ知らず、本当の情報である「真の一面」を明らかにしても、名誉毀損に問われる法制度となっている。それを前提にして、名誉毀損だけれど、上の①、②、③を、表現者側が証明することができたら、責任を免除する、という制度に過ぎないのである。これは、米国との大きく異なる。

　米国においては、政治家など公人の側がその報道における「現実の悪意 actual malice[34]」を証明しなければならない。「現実の悪意」は、それが虚偽であることを知って、またはそれが虚偽であることを無思慮にも無視して事実を摘示することを意味する。公人の職務上の行為を報道で批判する場合に、真実性の証明を報道する側が負うとしたら、特に米国の場合、損害賠償が極めて高額であることもあり、記事化を諦めてしまうといった萎縮が予想される。そうならないために、表現者側に立証責任を課すのではなく、公人側に「現実の悪意」の立証責任を課すという法理が形成された。

　日本でもこのような考え方が、最低でも公権力にある者に対する名誉毀損裁判で導入されなければ、権力批判はままならないだろう。日本においても名誉毀損の損害賠償額は高騰化している。特に組織に属さないジャーナリストにとって、金銭的負担のおそれは、報道を躊躇する大きな要因となるだろう。

(2) 情報公開法と公文書管理法の問題

　米国で公開されている日米関係の文書が日本では公開されていない、あるいは、政府が「存在しない」と言い張ることがある。日本政府の情報隠しの意思は極めて強いと言わざるをえない。諸外国や地方自治体から遅れて、やっとのことでできた情報公開法は2001年に施行された。この法律は、施行4年を目途に見直されることになっていたが、実現していない。情報公開法と両輪と言われ2011年に施行された「公文書管理法」も施行5年後の見直しの時期を迎えているが、動きは鈍い。ここでは、この二つの法が情報をきちんと管理せず、出にくくしている、という問題を取り上げたい。

　まず、情報公開法は、何人にも行政文書の開示請求権を付与した法律である。ところが、あらかじめ「不開示情報」が幅広く設定されている。まとめると、①個人に関する情報（個人を特定し、権利利益を害するおそれがある情報）、②法人に関する情報、③国の安全や外交が害されるおそれのある情報、④犯罪捜査等の公共の安全に支障をおよぼすおそれのある情報、⑤国の機関等の審議検討に関する情報で公開により中立性などが損なわれるおそれがある情報、⑥行政機関等の事務遂行に支障のおそれがある情報、の6類型である。

　キーワードは「おそれ」だ。公開すると問題が生じる「おそれ」がある情報は公開しない。その「おそれ」を判断するのは、行政機関の長である。同法があらかじめ「出さない」と決めている情報が幅ひろく、漠然としているうえ、「おそれ」の文言によって、開示・不開示の判断は行政機関次第となっている。開示請求して出てきた文書も、一部に上記の情報が含まれれば、そこを黒塗りにして、「一部開示」となっている場合もある。それが一部どころか、ほぼ真っ黒という例もある。文書不開示に対する不服を審査する「情報公開・個人情報保護審査会」の委員を務めた森田明弁護士は、「政府が現行法をきちんと運用していない」、「毎年、不適切な運用が多数ある」と指摘する。また、「管理に問題があって文書が存在しなかったケースが出てくる」などの問題も挙げられている[35]。

　文書管理の問題は、公文書管理法の運用の不適切さが原因だ。たとえば、集団的自衛権の行使容認に伴う解釈変更について、内閣法制局は検討過程

を公文書に残していなかったという明らかに同法違反の事例もある。これについて、同法の専門家である長野県短大の瀬畑源助教は「『法の番人』であるはずの内閣法制局長官の理解度の低さにあぜんとするほかない[36]」と憤る。こうした、国の行く末を左右する重大な検討過程を文書に残さないというのは、歴史の評価をおそれての故意も含まれるだろう。文書がきちんと作成され、管理されていなければ、情報公開法で開示請求されても出せないという結果となる。情報公開法だけではなく、公文書管理法の運用も徹底的にチェックしていかなければならない。

　行政文書の開示請求を行なう場合、手数料やコピー費用がかさむ場合も多いだろう。これも、調査報道を妨げる要因だ。文書がない、出ない、出すのにコストがかかる、これらの問題に立ち向かうチャンスは、二つの法律の改正時である。政府の動きは鈍いものの、双方ともに、今まさに、法律が定める見直しの時期（すでに経過しているが）である。政府がまじめに取り組まないのも、この二つの法律をこのまま放置しておけば、情報が出にくく使いにくい状態を継続できるとの意図があるかもしれない。特定秘密保護法との関係も深いから注意が必要だ。

4　日本のジャーナリズムは感度を高めて共に闘うべき

　以上見てきたように、調査報道ジャーナリストの周囲には、法制度によって巨大な障壁がすでに築かれている。まとめてみよう。

①国家に一定の秘密が存在することはやむをえないとしても、秘密を指定する法制度に曖昧さや不透明さがあり、秘密指定の妥当性が検証困難である。特に、市民の最大関心事の安全情報の中でも、国家の安全に関する情報の秘密指定は相次ぐテロに対応するという名目などで、拡大されやすい。未だ知られていない、埋もれてしまったり、隠された情報に迫り、権力の不正などを明らかにする調査報道にとって、秘密指定制度は大きな障害である。秘密指定の妥当性を問う必要がある。国家安全保障情報を聖域化してはならない。

②秘密指定となっている情報を知る者は、その秘密に業務上携わることができる行政機関の者である。彼らが行政機関内の不正や人権侵害行為を告発した場合、それは国家の膿を出した行為であり勇気ある告発行為だ。しかし、その行為が保護される術は、日米ともに存在しない。内部告発者保護すると称する制度はあるが、こうした情報は保護対象外である。特に米国では、オバマ政権によるリーク者の訴追が情報提供者側、ジャーナリズム側双方に萎縮をもたらしている。

③内部告発者保護は、一見、情報を出す者を保護するため、情報の出口が広がり、内部告発を端緒とした調査報道にも利点があるような気もする。しかし、実際のところ、調査報道に与える利点は何ひとつないことが分かった。日本の公益通報者保護法については、2016年秋現在、改正の検討段階にあるが、報道機関に通報情報の守秘義務を課すとの検討も行なわれており、さらなる障壁として機能しかねない。いっそうの注視が必要だ。

④内部告発を端緒とした取材報道の場合、その告発者を守ることが、報道機関の重大な義務である。これは、取材源秘匿としてジャーナリズムが大切にしてきたことであり、法によって守秘義務を課される筋合いのものではない。今、もっとも懸念されるのは、米国ではすでに経験されているジャーナリストに対する電子的監視である。電話やメールでの会話、アポ取りなど取材で必須のやり取りの記録が追跡監視されたら、取材相手を特定することは容易である。従来のように、法廷に召喚して、取材源開示の証言強制を行なう必要はない。監視対象となった段階以降、情報源を守ることはできなくなる。

⑤電子的監視の対象となることを回避するために、あるいは対象となっても情報内容を探知されないための対策は、センシティブな取材を行なうジャーナリストには今や必須である。たとえば、電子的情報手段を使わないこと、それを使う場合には、暗号化やロックをするという対処である。これらで、監視を一定程度回避することは可能だ。しかし、特に技術的な対処は長く有効であるものは少ない「いたちごっこ」のものだ。最も暗号解読やロック解除に長けているのは情報・捜査機関である[37]。電子的情報手段を使わない慎重な取材方法も大事だ。しかし、これには行動範囲の制

約や入手可能な情報量の限度が伴うだろう。
⑥米国で経験している取材報道の萎縮の兆しといえる事態が日本にも見られる。調査報道の環境をさらに深刻にする日本の問題として、情報公開法や公文書管理法の問題や名誉毀損の立証責任のハードルの高さがある。

　このように、調査報道が実質的に困難になる、あるいは、精神的な萎縮をもたらす要素がすでにそろっている。こうした状況に、日本のジャーナリズムは、十分対応しているのだろうか？　筆者が外部から観察していて最も懸念しているのは、取材報道に関わる問題対し日本の報道機関が一体となって対応していないことである。

　公益通報者保護法改正検討に際して、日本新聞協会編集委員会が要望を出したように、法律制定や改正などに際して、新聞協会や民放連が反対声明を出すといった対応をすることも少なくない。しかし、一般の読者視聴者でそうした業界団体の動きまでチェックしている人は稀ではないだろうか。前出の井出氏は、通報経験者の串岡弘昭氏の発言を引きながら次のように指摘している。「検討会で串岡委員がこんな発言をした。『メディアに苦言を呈したい。法施行時、『これでメディアへの通報が難しくなった』と他人事のように言っていた』。串岡委員の叱咤にかかわらず、第1次報告書に関する報道は驚くほど少なかった。消費者庁側も拍子抜けしていた[38]」。

　日本人の一般的受け止めとして、ジャーナリズムが一体として、取材報道をめぐる問題に対処しているという感覚はほとんどないのではないか。米国の場合、たとえば、上述したAP通信の電話回線などの大規模監視が発覚した際、ジャーナリズムが一体となり抗議し闘った。それは、司法省が有する記者に対するサピーナ発付ガイドラインの改訂に結びついた。米国の場合は日本よりはるかに各メディアの主張が鮮明だ。たとえば、FOXニュースは極右的と言われる。そうであっても、FOXに政府との関係で問題が起きれば他のメディアは協調する。それは、ジャーナリズムを守ろうとするからだ、という[39]。日米の状況はさまざまに異なるとはいえ、この点は見習うべきであると思う。

5　困難な状況に対処するための提言

では、こうした状況に対処する方策はあるのだろうか。2点提言したい。

(1) ジャーナリズムが問題に我が事として向き合う

①状況を正しく、冷静に理解する

　法律の曖昧な規定や場当たり的適用を検討し（過去の適用事例、判例などを分析）、過度に萎縮しない。

②我が事として対応する

　各法の問題指摘を、総論だけではなく、取材報道に携わる主体として明確かつ常に行なう。日本の公益通報者保護法のように改正が俎上に上がっている場合は、その機会をとらえ、主体的な問題提起を行なう。現状、公益通報者保護法改正に向けた検討過程ではそれが成功していない。

③ジャーナリズムの価値を守るため、メディアの違いを乗り越えて、一体として闘い、その姿を一般人に見せる。

(2) 市民に理解してもらう

　調査報道と通常のニュースの違い、ジャーナリズムにとって重要な「取材源秘匿」などを一般市民は理解しているだろうか。よほどジャーナリズム活動に関心がある人でないかぎり難しいだろう。それは、ジャーナリズム側が説明してこなかったことに責任があるのではないか。たとえば、取材報道ガイドラインの積極的な公開や、調査報道で重要な成果が上がった場合は、成果物としての記事のみではなく、取材過程や苦労などを語る（紙面化する）などをくり返すことで、市民も身近に理解できるのではないだろうか。

おわりに

　ジャーナリズムが専門職の仕事で、実際に働いているのは記者などであることは当然だが、ジャーナリズムの仕事の真の意味は、「主体は市民であること」であろう。それを追求しなければ、日本のジャーナリズム、調査報

道の困難な状況を突破するのは難しいといえる。ジャーナリズムは専門性ゆえに、一般人の理解を得にくいところが多い。しかし、取材過程そのものが受け手が知りたい対象だ。そのプロセスがどのようであるかによって信頼性を判断できるからである。SNS時代で、誰でも情報発信が容易であるから、玉石混交の情報の中から自分が信頼できるものを選びとらなければならない。その選択過程で、ジャーナリズム活動の成果を信頼するか、ジャーナリスティックな判断が介在しない「生の」データや情報を選ぶのか、どのような情報に価値を見出すかは個人次第だ。ジャーナリストの立場からは、「我々プロの仕事は信頼がおける」と考えるのはもちろんである。しかし、そうは思わない人もいる。情報収集が容易な時代に、ジャーナリズムの存在意義が大変危ういことは、ジャーナリズム自身実感しているだろう。

　日本のジャーナリズムを外国人ジャーナリストとしてつぶさに見てきたマーティン・ファクラー氏の『安倍政権にひれ伏す日本のメディア』から少々長く引用する。

「テロの脅威が増すオバマ政権下のアメリカは、ブッシュ政権以上に息苦しい監視国家となりつつある。国益と国家秘密の狭間で、真実を暴こうとするジャーナリストが狙い撃ちにされるケースが増している。アメリカの今は、日本の『暗い未来』として見ることが出来る。私から見ると、その警鐘を鳴らすべきジャーナリズムが権力に屈し、日本はアメリカが辿った『暗い未来』へと突き進んでいるように思えてならない。『自分たちも将来こうなるかもしれない』と現状に危機意識をもち、タコツボ型ジャーナリズムから脱却してほしいのだ[40]」。

　東京五輪を控え、テロ対策、安全対策が優先され、自由や権利が後景に退く今の日本に、警鐘は、強く打ち鳴らされている。
　人々は情報に対価を払うことから遠ざかりがちだ。そのようななかで、調査報道のコストを負担してほしいと市民に訴えても、特に寄付や慈善文化の薄い日本において、寄付金という具体的な形に結びつけるのは相当困難であろう。一番重要なことは、調査報道に他の情報にはない圧倒的な価値が見

出され、調査報道の「不可欠性」や「必要性」が理解されることである。必要だからその維持のためにお金を出そう、と多くの人に感じてもらうためには、調査報道をこのような過程で慎重かつ詳細にやっていると紹介することが有効だと考えられる。しかし、それだけではなく、調査報道を阻む法律に、メディアを越えてジャーナリズムが一体となって闘う姿勢を見せなければならない。調査報道が自由にできるために、悪法と闘っているジャーナリストの姿を見せることができたら、状況は一歩前進すると思う。

〈注〉

1――田島泰彦・山本博・原寿雄『調査報道がジャーナリズムを変える』花伝社、2011年。
2――正式名称は、Uniting and Strengthening America by Providing Appropriate Tools Required to Intercept and Obstruct Terrorism Act of 2001（簡易表題、USA PATRIOT ACT）。
3――ニューヨークタイムズ紙が12月16日、「ブッシュ大統領が2002年からNSAに対し外国諜報監視裁判所(FISC)の許可令状を得ることなく合衆国内で合衆国市民に対する電子的盗聴監視を行う権利を授権していた」と報道。
4――1978年に制定されたFISAは、FBIなどの法執行機関やNSAなどの諜報機関が国家安全保障に関する捜査で合衆国内で盗聴を行なうにはFISAに基づくFISCによる許可命令が必要であると定めていた。
5――通信会社9社(Microsoft, Google, Yahoo!, Facebook, PalTalk, YouTube, Skype, AOL, Apple)の中央サーバーにアクセスし、eメール、チャット（ビデオとボイス）、ビデオ、写真、保存データ、VoIP、ファイル伝送、ビデオ会議、ログインなど監視対象者の行動痕跡、オンラインソーシャルネットワークの詳細、その他特別な要求の収集がNSAの極秘プログラムコードネーム「プリズム」によって行なわれていたことが、スノーデン氏の暴露により判明した（同氏インタビュー　Democracy Now! 2013年6月10日放送）。
6――正式名称は、Uniting and Strengthening America by Fulfilling Rights and Ensuring Effective Discipline Over Monitoring Act of 2015（簡易表題、USA FREEDOM ACT）。
7――成立までの経緯は、鈴木滋「米国自由法―米国における通信監視活動と人権への配慮―」『外国の立法』267号、2016年3月、11-13頁。
8――同上15頁。
9――松井茂記「諸外国は国家の秘密と市民の自由にどう向き合っているのか　3アメリカ」田島泰彦・清水勉編『秘密保全法批判』日本評論社、2013年、183頁。
10――大塚一美「米国における防諜法と取材報道の自由」『マス・コミュニケーション研究』86号、2015年、89頁。
11――Silver, Derigan, National Security and the Press, Communication Law and Policy 13/4, 2008, p.463.
12――岡本篤尚『国家秘密と情報公開――アメリカの情報自由法と国家秘密特権の法理』法律文化社、1998年、212頁。
13――大林啓吾『アメリカ憲法と執行特権』成文堂、2008年、74頁。

14 ——第1次報告書　http://www.caa.go.jp/planning/koueki/chosa-kenkyu/files/160322_siryo4.pdf（最終アクセス日2016年9月6日）。
15 ——「公益通報者保護制度に関する意見聴取」第5回（2014年10月7日）議事要旨 http://www.caa.go.jp/planning/koueki/chosa-kenkyu/files/141007_gijiyoushi.pdf　（最終アクセス日2016年9月6日）12頁。
16 ——住友洋介「人々が声を上げられる社会を」『新聞研究』2016年7月号、56頁。
17 ——「第5回ワーキング・グループにおける主な検討項目の整理」http://www.caa.go.jp/planning/koueki/chosa-kenkyu/files/160728_siryo.pdf　（最終アクセス日2016年9月6日）4頁。
18 ——「第8回・9回ワーキング・グループにおける主な検討項目の整理」http://www.caa.go.jp/planning/koueki/chosa-kenkyu/files/160920_siryo.pdf（最終アクセス日2016年10月18日）26頁。
19 ——桐山佳一「内部告発者にどう向き合うか」『新聞研究』2016年7月号、50頁。
20 ——89年法の運用詳細や事例については、奥山俊宏『内部告発の力　公益通報者保護法は何を守るのか』現代人文社、2004年、に詳しい。
21 ——SEC. 105. EXCLUSION OF AGENCIES BY THE PRESIDENT. 大統領による除外機関として、FBI、CIA、NSA等が列挙されている。また大統領によって決定された主たる機能が外国諜報および防諜活動である行政機関や部署を除外する。
22 ——Chapa, Lilly（2013）Obama administration plugs up leaks, The News Media and the Law, Winter, p.17.
23 ——同上。
24 ——大治朋子「米国ジャーナリズム環境の変化」『新聞研究』2014年1月号、45頁。
25 ——「報道機関への捜査常態化に危機感〔米司法省　記者の通話記録押収〕」毎日新聞2013年7月8日朝刊、6面。
26 ——Jamie Schman, Filling in case over AP bomb-plot leaker details contacts between reporter and FBI sourse（2013.9.24）．
http://www.rcfp.org/browse-media-law-resources/news/filing-case-over-ap-bomb-plot-leaker-details-contacts-between-report
27 ——Subpoena 罰則付召喚令状。従わないときには罰を課す旨の警告のもとに一定の日時・場所に出頭すべきことを命じる裁判所の令状（田中英夫編『英米法辞典』）。
28 ——タイトルは「ニュースメディア構成員に対するサピーナ発付、ニュースメディア構成員の電話課金記録に対するサピーナ発付、ニュースメディア構成員の取り調べ、訴追、逮捕の指針」。1972年に採用された。
29 ——詳細は、注10（大塚）、93-93頁を参照。
30 ——田島泰彦「テロ対策の名の下に市民監視促すメディアに批判を」『週刊金曜日』2016年8月19日号、47頁。
31 ——「〔特集〕市民の政治的表現の自由とプライバシー」『法学セミナー』2016年11月号、9-16頁。
32 ——日本外国特派員協会、常岡浩介氏記者会見（2015年1月22日）での発言。浮田哲羽衣国際大学教授の配付資料より引用。同協会HPも参照。
33 ——同上。
34 ——曽我部真裕・林秀弥・栗田昌裕『情報法概説』弘文堂、2016年、270頁のコラム参照。
35 ——「参院選に言いたい　情報公開法」毎日新聞2016年6月20日朝刊6面。
36 ——「参院選に言いたい　公文書管理法」毎日新聞2016年6月27日朝刊7面。
37 ——米司法省はアップル社に対し麻薬密売容疑者やテロ事件容疑者のiPhoneロック解除を命じたが、同社は拒否。複数の裁判所でアップル社に協力を求める訴訟を提起していた。一部の事

例では、FBIは自力でロック解除に成功した。これを受け、アップル社はセキュリティ強化の方針を出した。関連記事は、日本経済新聞2016年3月20日、朝刊2面、同29日、夕刊1面、同4月9日、夕刊1面。また、非常にセンシティブな取材について暗号化等の対策やその限界を語るものとして、バスティアン・オーバーマイヤー／フレデリック・オーバーマイヤー著、姫田多佳子訳『パナマ文書』KADOKAWA、2016年8月、102頁など。

38——井出裕彦「公益通報者保護法の見直しと調査報道」『新聞研究』2016年6月号、61頁。

39——マーティン・ファクラー『安倍政権にひれ伏す日本のメディア』双葉社、2016年刊行に基づいて作成された電子書籍(Kindle版)第4章。

40——同上。

第 II 部

調査報道ジャーナリズムを支援する国際的戦略

国際メディア支援センター（CIMA）による報告書（第2版、2013年1月14日）
デービッド・E. カプラン（David E. Kaplan）

Global Investigative Journalism:

Strategies for Support. A Report to the Center for International Media Assistance, 2nd Edition.

By David E. Kaplan,

January 14, 2013

■凡例、および、翻訳に関する付記

- 翻訳の本文、図表データ、注のいずれも、その内容は、2013年1月14日、CIMAのHPで公開された原著「Global Investigative Journalism: Strategies for Support.（2nd Edition）」（http://www.cima.ned.org/resource/global-investigative-journalism-strategies-for-support/）に準じている。人物の肩書や団体名、URLなども、すべて原著の書かれた当時のものである。変化の著しい分野である。原著関連情報は、原著発行元であるCIMAのHP（http://www.cima.ned.org/）に随時更新されているので、参照のこと。なお、原著のURLが時々変わるので、検索サイトで原著名を入力する方が現在はアクセスしやすい。
- 原著末尾に付録資料として、2012年における地域別調査報道ジャーナリズム団体の連絡先一覧表があるが、この翻訳では省いてある。CIMAのHPに最新動向が掲載されているので、そちらを参照のこと。
- 人名表記について。日本で著名な人名はカタカナ表記のみ、原著で頻出する人名は音声表記に近いカタカナで記し、初出時のみ原著の表記を併記、それ以外は原著の表記のみとしてある。
- 団体名表記について。調査報道にかかわるNPO団体は、多国籍で使用言語もさまざまである。翻訳では日本人読者への読みやすさを優先し、原著の表記の意味に近い日本語を当てた訳語で記してある。初出時や、初出からかなり頁が離れて意味を追いにくい時は例外的に、日本語、原著の表記、慣例略語などを併記している。頻出する団体名については、日本語・英語対照表を以下に付記する。これらの団体名の多くは、日本語の定訳がまだなく、団体そのものも国境を超えた支部の広がりによって部分的に名称が異なってきたり、合併による名称変更がたびたびある。原著の表記を手掛かりとして、最新情報について各団体のHPなどを参照のこと。これらの団体のHPは、情報量が豊富なことが多く、参考になる。
- 注について。原著の注は、本文注と、コラムごとの注の2種類ある。原著の注は、本文の該当箇所に上付きで通し番号をふり、注の内容は翻

訳全体の文末にまとめて記す。コラム注はコラム本文内の該当箇所に＊印で通し番号をふり、コラム文末にまとめて記す。
・訳者による注について。本文内に［ ］で記す。
・書籍名について。書籍はいずれの言語も『 』で括り、邦訳がある場合は（ ）で併記。
・報告書や論文名について。いずれの言語も「 」で括り、直截的な日本語を（ ）で併記。
・媒体名について。原著ではイタリック表記になっているものが多いが、翻訳時には媒体名となるべくわかるように訳し、斜字体は使用していない。
・金額表記について。原著表記の後ろに、参考までに（ ）付けで当時の換算レート（1ドル80円）で概算し併記している。
・基幹語の訳出方法。investigative journalismは、調査報道の手法を用いたジャーナリズム、または、調査報道ジャーナリズム。Investigative reportingは、調査報道。
・翻訳作業は、大塚一美が3から8まで、別府三奈子がそれ以外を試訳したあと、二人で情報共有しながら修正を重ねた。成長著しい分野の国際的かつ専門的な動向に関する翻訳ゆえ、修正後も試訳の域を出ていない部分がある。翻訳作業自体が、国際戦略の挑戦の一部である。ご指摘をいただき、さらに情報共有が進むことに期待したい。（2016年9月29日）

■調査報道に携わる NPO 団体の対訳表

本書での日本語表記	英文原著での表記 (よく使われている略称)	原著 初出頁	本書 初出頁
アフリカ相互評価メカニズム	African Peer Review Mechanism (APRM)	12	129
アフリカ調査報道記者フォーラム	Forum for African Investigative Reporters	3	118
アフリカ調査報道プログラム	Programme for African Investigative Reporting (PAIR)	32	156
アフリカニュース革新チャレンジ	African News Innovation Challenge (ANIC)	14	133
アラブ調査報道記者協会	Arab Reporters for Investigative Journalism (ARIJ)	3	118
ウォーレ・ショインカ調査報道ジャーナリズムセンター	Wole Soyinka Centre for Investigative Journalism (WSCIJ)	32	154
オランダ=フランドル調査報道ジャーナリズム協会	VVOJ (The Dutch-Flemish Association for Investigative Journalism)	10	127
公共の高潔さのためのセンター	Center for Public Integrity (CPI)	3	117
コーカサス調査報道センター	Caucasus Investigative Reporting Center	37	166
国際ジャーナリストセンター	International Center for Journalists (ICFJ)	3	118
国際調査交流会議	IREX (International Research and Exchanges Board)	3	118
国際調査報道ジャーナリスト連合	International Consortium of Investigative Journalists (ICIJ)	3	117
国際メディア支援センター	Center for International Media Assistance (CIMA)	2	116
国際メディアサポート	International Media Support (IMS)	32	156
サハラ以南のアフリカの力強い報道のための会議	Power Reporting Conference from sub-Saharan Africa	20	140
シュスター調査報道ジャーナリズム研究所	Schuster Institute for Investigative Journalism	29	152
世界調査報道ジャーナリズム会議	Global Investigative Journalism Conferences	20	140
世界調査報道ジャーナリズムネットワーク	Global Investigative Journalism Network (GIJN)	3	117
セルビア調査報道ジャーナリズムセンター	Serbian Center for Investigative Journalism (CINS)	23	144
組織犯罪・汚職報道プロジェクト	Organized Crime and Corruption Reporting Project (OCCRP)	3	118
調査報道記者編集者協会	Investigative Reporters and Editors (IRE)	3	118

ステイビル調査報道ジャーナリズムセンター	Stabile Center for Investigative Journalism	18	135
調査報道ジャーナリズム協会	Bureau of Investigative Journalism	34	159
調査報道センター	Center for Investigative Reporting (CIR)	3	117
調査報道ニュースネットワーク	Investigative News Network (INN)	29	151
調査報道プログラム	Investigative Reporting Program	30	152
調査報道ワークショップ	Investigative Reporting Workshop (IRW)	29	152
チリ調査報道センター	Centro de Investigative reporting (CIPER)	23	144
バルカン諸国調査報道ネットワーク	Balkan Investigative Reporting Network	34	158
バルト諸国調査報道ジャーナリズムセンター	Baltic Center for Investigative Journalism	21	143
フィリピン調査報道ジャーナリズムセンター	Philippine Center for Investigative Journalism (PCIJ)	9	124
ブラジル調査報道ジャーナリズム協会	Brazilian Association of Investigative Journalism (ABRAJI)	20	140
ボスニア調査報道センター	Bosnian Center for Investigative Reporting	9	124
モロッコ調査報道ジャーナリズム協会	L'Association Marocaine pour le Journalisme d'Investigation (AMJI)	32	154
ラテンアメリカ調査報道ジャーナリズム会議	Conferencia Latinoamericana de Periodismo de Investigacion (COLPIN)	20	140
ルーマニア調査報道ジャーナリズムセンター	Romanian Center for Investigative Journalism	18	135
調査報道ジャーナリズムセンター (ロンドンシティー大学)	Center for Investigative Journalism	18	135

■国際メディア支援センター(CIMA)とは

「国際メディア支援センター(Center for International Media Assistance, 以下CIMA)」は、「民主主義のための全米基金(National Endowment for Democracy)」によって運営されている。CIMAは、世界各地で独立メディアの開発に向けて、支援の強化、知名度の向上、影響力の改善などに取り組んでいる。CIMAは、情報を提供し、ネットワークを作り、リサーチを行なうことで、持続可能な民主主義の創造や発展に不可欠な独立メディアの役割を明らかにしてきた。CIMAの活動の柱のひとつは、より多くの米国の民間部門が、国際的なメディア開発に関心を持ち、援助に前向きになる方法を研究することだ。センターは、ワシントンDCで開かれた世界プレスの自由デー2011(World Press Freedom Day 2011)の、民間側主催者の主要団体でもあった。

CIMAは、メディア開発と援助に関するさまざまな話題について、ワーキンググループ、討論会、集会などを招集している。ワーキンググループの討論や他の調査を基にして、報告書や推奨策も発表している。報告書の目的は、寄付者や専門家はもとより、政策決定者に対しても、メディアに対する援助の有効性を強く認識できるように、さまざまな知見を提供することにある。

シニア・ディレクター
Marguerite H. Sullivan

HP：http://www.cima.ned.org/

住所：Center for International Media Assistance,
National Endowment for Democracy,
1025 F Street, N, W., 8 th Floor,
Washington, DC 20004, USA

電話：(202) 378-9700
E-mail：cima@ned.org

1　著者紹介

　David E. Kaplan（デービッド・カプラン、以下カプラン）は、「世界調査報道ジャーナリズムネットワーク（Global Investigative Journalism Network, GIJN）」のディレクターである。この団体は、調査報道の拡大と支援に打ち込む35カ国70組織以上のネットワークである。30年以上にわたり、調査報道チーム、非営利の編集室、国境を越えたプロジェクトを運営してきた。

　1980年代から90年代初頭にかけて、カプランはサンフランシスコにある「調査報道センター（Center for Investigative Reporting, CIR）」の草創期に、非営利の調査報道ニュース組織のモデルを作る手助けをした。彼は2007年、ワシントンDCを拠点とする「公共の高潔さのためのセンター（Center for Public Integrity, CPI）」の編集長に就任した。そこで、50カ国のメンバーで構成される調査報道のネッワークである「国際調査報道ジャーナリスト連合（International Consortium of Investigative Journalists, ICIJ）」を率いて、受賞作を生み出している。この時期、彼は、BBCなど世界各地の一流メディアとともに、タバコ、アスベスト、漁業、エネルギー産業に関する調査報道を成し遂げ、高く評価された。それ以前のカプランは、当時200万部発行されていた週刊U.S.ニュース＆ワールドレポート（U.S. News & World Report）の主任調査報道特派員として働いていた。北朝鮮外交官の脅迫、サウジアラビアの資金援助を受けるテロリスト組織、ロシアの略奪行為などの暴露によって、彼の記事は国際的な注目を集めた。

　カプランは、24カ国からレポートをしてきた。それらの記事は20以上の賞を、単独あるいは共同で受賞した。彼は調査報道記者編集者賞（Investigative Reporters and Editors Award）を4回受賞した。そのうち3回はその最高賞である。彼の仕事は海外プレスクラブ（Overseas Press Club）の賞も4回受賞した。『YAKUZA』（1986年）など彼の著作は12言語で出版され、日本のマフィアに関する基本文献として広く注目されている［訳注：邦訳として『ヤクザ―ニッポン的犯罪地下帝国と右翼』第三書館、1991年などがある］。カプランはCIMAの顧問として、報告書「Empowering Independent Media（独立メディアの強化）」の2008年版と2012年版の編集長および執筆者を務めた。

本書について

　筆者は、25年間にわたり国際的なメディアの発展のために働き、本報告書で言及されているアラブ調査報道記者協会（Arab Reporters for Investigative Journalism, ARIJ）、国際ジャーナリストセンター（International Center for Journalists, ICJ）、調査報道記者編集者協会（Investigative Reporters and Editors,IRE）、国際調査交流会議（International Research and Exchange Board, IREX）など多くの組織で、ワークショップやセミナーを主導してきた。彼は、組織犯罪・汚職報道プロジェクト（Organized Crime and Corruption Reporting Project, OCCPR）の委員会およびアフリカ調査報道記者フォーラム（Forum for African Investigative Reporters）の諮問委員会でも仕事をしている。

　CIMAの母体となっている民主主義のための全米基金は、調査報道に従事し、あるいは、援助をしている世界中の多くの市民グループや非政府組織を支援している。それらの組織のいくつかについて本報告書で言及しているが、多くは純粋な調査報道の拠点ではないので、この報告書では触れないこととする。

2　はじめに

　民主主義のための全米基金が運営するCIMAは、世界各地の調査報道を行なっている拠点に関するリサーチを再び行なった。その結果は、2007年に発行されたCIMA報告書「Global Investigative Journalism: Strategies for Support（調査報道ジャーナリズムを支援する国際的戦略）」の第2版として公表された［訳注：本稿翻訳の原典は、この第2版である］。この報告書は、調査報道が果たす重要な役割、すなわち、発展途上国にある調査報道センターを支援することと、政府にアカウンタビリティ（履行責任）を持たせることに焦点を当てている。

　CIMAは、ベテランの調査報道ジャーナリストでメディア開発の専門家でもあるカプランの、このテーマに関する調査や洞察に謝意を表する。この報告書が国際的なメディア支援の取り組みにとって、重要な参考資料となることを願っている。

Center for International Media Assistance　シニア・ディレクター

Marguerite H. Sullivan

3　要約

　世界規模での調査報道の実践は、1989年からの共産主義の崩壊以降、グローバル化、国際的援助、そしてジャーナリズム集団の努力に突き動かされて劇的に成長してきた。調査報道が公的なアカウンタビリティを重視すること、犯罪や汚職を標的とすること、そして証明されたその報道の力は、国際的な寄付者からメディア開発のための基金に何百万ドル（数億円）を引き出した。寄付者たちは、調査報道を法の支配や民主化を推し進める重要な力であると評価する。しかし、調査報道の手法を用いたジャーナリズムへの援助は、国際的なメディア支援のなかで大きな欠落と見られてきた。調査報道への資金提供は、大いに気まぐれで、メディア開発全般にかける費用の小さな一部分にすぎないのである。ベテランの研修担当者や実践者らは、調査報道ジャーナリズムが持続的な計画で行なわれ、非営利の実践者が援助され、高い基準を守ることが必要であると考える。なぜなら、それが、公的なアカウンタビリティを高めることと専門性のあるニュースメディアを作り上げることの双方に堂々たる結果をもたらすからだ、と彼らの多くが認めている。

　この報告書は、最初2007年に公表された。この分野の急速な発展に伴い、2012年、CIMAは調査を更新・拡大した。メディア開発の一側面としての調査報道の本質と範囲を理解するために、新しいリサーチを依頼したのである。前回調査と同様に、この報告書は鍵となる監督者や行為者に注目し、最善の援助方法と発展途上や過渡期にある国々での実践をプロフェッショナル化する方法を示す。以下の知見である。

- 調査報道の手法を用いるジャーナリズムは、ここ10年で急速に世界中に広まった。地位を悪用する指導者らに履行責任を取らせ、人権侵害を伝え、発展途上や過渡期にある国々での組織的な横暴を暴露することに役立っている。厄介な法律、法的・物理的攻撃、協力的でないオーナー、有能な研修担当者の不足やその他の障害はあるが、弾圧のある国々においてもこの実践は足がかりを見つけた。
- 調査報道ジャーナリストの世界規模および地域的ネットワークは、寄付

者に支援され、グローバル化やデータ・コミュニケーション技術の発達に後押しされ、ますます効果的に、かつ洗練されて成長している。ジャーナリストらは、国際犯罪、不透明なビジネス、環境悪化、安全や健康問題その他の困難な問題の報道で協力するために、これまでになく連携している。

- 調査報道プログラムへの戦略的な投資は、アフリカ、アジア、中東など広範な国々に重要な建設的影響を与えることができる。資金提供が長期間にわたり、法制度の改革や情報の自由を含めた幅広い戦略をまとめたならば、最も効果的になるだろう。
- 調査報道ジャーナリズムは、アカウンタビリティの促進、汚職との闘い、メディア規範の向上に最前線の役割を果たすが、援助額は相対的にわずかである。主要な寄付者によるグローバルメディア開発基金の約2%しか得ていない。
- 非営利の調査報道を行なう組織——現在47カ国106団体を数える——は、調査報道ジャーナリズムの地球規模の広がりに勢いを与える存在の中心である。これには、報道センター、研修機関、プロフェッショナルの協会、補助金を作る組織、そしてオンラインネットワークが含まれる。
- これらの非営利団体は、ユニークな研修と報道を提供でき、地域のジャーナリズム共同体がプロフェッショナル化する手助けとなる優良なモデルとして機能する。それらは、社会的・政治的なインパクトのある記事を生み出すことのできる組織であると証明されてきた。それぞれの地域や市場にふさわしいプログラムがあるだろう。
- 適切で継続可能な計画をもっている非営利の調査報道組織、特に報道センターはほとんどない。競争相手が多く基金の乏しい環境で生き抜くには、さまざまなソースや活動から利益を引き出しながら、活動分野を広げ、より起業家的になる必要がある。
- 調査報道プロジェクトは、長期的で、インパクトの大きいジャーナリズムを重視するため、評価が難しくなる。調査報道ジャーナリズムの文化を形成することを目指した研修と報道のプロジェクトは、研修を受けた

人間や生み出された記事の数で評価されるべきではない。質とインパクトをもとに評価されるべきである。
- 政府が提供する資金によるプログラムと調査報道ジャーナリズムのコミュニティとの間には、より良い関係性と意思の疎通が必要である。NGOは、専門家の集団になっていれば、その専門知識を出すことでいつでも利益を得ることができるだろう。

4　範囲と方法論

　この報告書は、調査報道の手法を用いるジャーナリズムの世界的広がりを検証する。発展途上や過渡期にある国々において、その実践を支え、維持する戦略に焦点をあてている。このリサーチは、特に以下の主要な情報源を参考にしている。

- 非営利の調査報道組織に関する2007年と2012年のCIMAの調査。世界中の団体が詳細な質問事項に答えた。
- 2011年から2012年のブラジル、ドイツ、ヨルダン、オランダ、南アフリカ、ウクライナ、アメリカ合衆国での調査報道ジャーナリズムとメディアに関する会議での議論やインタビュー。
- 調査報道の指導、研修、メディア開発、報道センター、基金に携わる研修担当者、資金提供者、記者、監督者ら50人以上のインタビュー。
- 世界中の調査報道に関する研修資料、メディア開発プログラムの情報、ウェブサイト、大学教育カリキュラム、書籍、記事、手引書。

5 概観：世界規模で広がる調査報道ジャーナリズム

　2011年、中国の雑誌 Caixin（中国語表記は、財新）は、南部地方の地方公務員が乳児を誘拐し闇市場で売っていたことを明らかにし、捜査を促し、国際的な注目を集めた。この雑誌は、隠蔽された情報を掘り起こすことで有名だ。1998年にスタンフォード大学でナイト特別研究員を修了し、中国の調査報道の先駆者となったジャーナリストの Hu Shuli によって創刊された[1]。

　1000万人が住むブラジルのパラナ州において、Gazeta do Povo 紙とRPCTVは、州議会がどのように公的資金4億ドル（320億円）を組織的にごまかしたかを解明した。そのためのデータベース作りには、2年間が費やされた。2010年の連続報道で、3万人の人々を反汚職の抗議活動のため路上に導き、20以上の犯罪捜査が実を結んだ[2]。

　ボスニア調査報道センター（Bosnian Center for Investigative Reporting）は、2007年、公的記録を活用して、ボスニア・ヘルツェゴビナのスルプスカ共和国のNedzad Brankovic 首相が政府による疑わしい民営化の措置を通して、どのようにしてほぼ無料で邸宅を入手したかを暴いた。この詳細な調査が市民の抗議、同首相の起訴、そして最終的には、辞任に導いたのである[3]。

　2003年、ジョージアのテレビチャンネルである Rustavi-2 は、不正な選挙を覆し、Eduard Shevardnadze 大統領に辞任を強いた同国の平和的な「バラ革命」の希望の声として歓迎された［訳注：2015年、グルジアからジョージアへ外名表記変更された］。Rustavi-2のスタッフは、欧米のジャーナリストによる訓練を受けている。政府の汚職と組織化された犯罪の調査報道によって、同局の信頼性の大部分を築いてきた[4]。

　2000年、フィリピン調査報道ジャーナリズムセンター（Philippine Center for Investigative Journalism, PCIJ）はエストラーダ大統領の隠し資産に関し、8カ月におよぶ探査を実施した。大統領がどのように贅沢な邸宅を築き、多数の企業と秘密の利害関係をもったのかを対象としたこの継続報道は、フィリピンのメディアに行動を起こすよう刺激した。弾劾裁判では、その報道が主要な罪を構成する助けとなり、数カ月後の大統領の失脚へと導いた[5]。

　これらの事例に共通することは、発展途上や過渡期にある国々のジャーナ

リストによる決然とした綿密な調査の結果であるということだ。綿密な調査をするために特別編成のチームや個々の記者を援助することは、調査報道の実践が十分確立されている欧米諸国でさえも、いつでも苦闘であった。危険で、費用がかかり、しばしば論争的だからだ。しかし、調査報道はその専門性により、独特かつ名誉ある地位を得てきた。調査報道にあたる記者はある意味で、ジャーナリズムの「特別部隊」である。彼らは十分に訓練され、難しい標的を追い、スクープ記者や日々のニュース担当の記者よりも大きなインパクトをもっている。

　アメリカ合衆国では、調査報道は、大統領を権力濫用のかどで失脚させたことで、最もよく知られている。アメリカのジャーナリズムスクールにおいて、ウォーターゲート事件のボブ・ウッドワード (Bob Woodward) 記者とカール・バーンスタイン (Carl Bernstein) 記者に匹敵したいと望む人々は、このふたりが1世紀にわたる伝統に属するとすぐに教えられる。それは、たとえばIda Tarbell の『History of the Standard Oil Company (スタンダード石油会社の歴史)』や Lincoln Steffens の『Shame of the Cities (都市の恥)』のようなこの国が誇るマックレイカーズ (醜聞を暴いた者ら) に遡る職業集団である。改革運動をするこれらのジャーナリストは、汚職政治家、組織犯罪、消費者詐欺、大企業の不正と対決して、公益について強靭で綿密な取材をする基準の設定を促したのである。

　この重要な伝統は今や世界中に広がっている。どこであれ偉大な報道は、必ず探査の要素を採用してきた。1989年のベルリンの壁崩壊以降、調査報道を用いたジャーナリズムは海を越えて劇的に成長した。ブラジル、中国、インドの進取的なニュースメディアは、現在、調査報道チームを出している。1980年代後半にたった3団体であった非営利調査報道組織は、今日、ルーマニア、フィリピン、ヨルダン、南アフリカといったさまざまな地にある活気に満ちたセンターも含め100以上に激増した。2000年以降7回開催された調査報道ジャーナリズムに関するグローバル会議には、100カ国からおよそ3500人のジャーナリストが会した。そこでは、地球規模でのデータジャーナリズム導入や発展途上国から来た何百人もの記者を対象とした研修が最先端の方法論で行なわれた[6]。

アカウンタビリティや社会正義に焦点をあてる調査報道の伝統は、メディア開発のために寄付する者や実践する者にとって、まさに調査報道こそが手段であることを証明してきた。発展途上や民主化過程にある世界の大部分で、調査報道ジャーナリストの働きは、アカウンタビリティや透明性の促進、汚職との闘い、組織的犯罪の暴露、市民社会の強化、燃料改革、公正への強い希望に関係している。彼らがその社会において、手本や助言者として役割を果たし、編集室で探査の伝統を築き、専門職としての報道基準の設定を促すことも同じくらい重要である。

　この地球規模の広がりは、特にアメリカ合衆国や北ヨーロッパの国際的な援助組織、および、オープンソサエティ財団（Open Society Foundations）に率いられた一握りの個人財団から多額の基金のおかげである。そして、訓練を実施したり、世界中に高度の専門知識を広めたプロフェッショナルのジャーナリズム協会やNGOのおかげでもある。メディア開発の別分野に比べると、調査報道に投じられた額はわずかであるが、強い印象を与えてきた。この分野の急成長を助けることはグローバル化の力となった。携帯電話使用やインターネットアクセスの急速な拡大、開かれた国境、データとコンピュータ動力の激増が、これまでになくジャーナリストにネットワーク化と協働、そして報道する力を与えている。

仕事を定義すること

　調査報道の定義は多様であるけれども、プロフェッショナルのジャーナリズム集団の間では、その定義の主な要素は広く同意されている。すなわち、体系的、綿密、独自に行なう下調べや報道、そしてしばしば秘密の発掘が含まれるということだ。その実践には公的記録やコンピュータを利用した取材を多用し、社会正義やアカウンタビリティに焦点を当てるということに言及する者もいる[*1]。

　『Story-Based Inquiry』（『調査報道実践マニュアル──仮説・検証、ストーリーによる構成法』旬報社、2016年）はユネスコが出した調査報道のハンドブックである。この中で調査報道は以下のように定義されている。「調査報道が意味しているのは、権力者によって意図的に隠された問題や、理解を妨げるような、

大量の事実と混乱した状況が背景となって偶然にも埋もれた問題を世の中に明らかにすることである。そのためには、秘密の情報源や公開の情報源、そして記録文書を使用することが必要となる[*2]。オランダの調査報道記者グループであるオランダ＝フランドル調査報道ジャーナリズム協会 (The Dutch-Flemish Association for Investigative Journalism, VVOJ) は、調査報道を「批判力のある完全なジャーナリズム[*3]」とシンプルに定義する。

　実のところ、すべての報道は調査報道だと主張するジャーナリストもいる。それは、部分的には真実である。調査の手法は、ひとつの記事に何週間もかける調査報道チーム (I-team) のメンバーだけではなく、締め切り時間のあるスクープ記者によっても広く使われる。しかし、調査報道の手法を用いたジャーナリズムとは、これよりも広い概念だ。ひとつの技巧であり、習得するのに何年も要する一連の方法論である。調査報道の最高の賞を取った注目の記事は、プロが求める探査や報道の高い基準を証明する。それは、公的基金の不正利得、権力濫用、環境悪化、健康に関わる醜聞、その他を念入りに追跡する綿密な調査である。

　時に、困難な事業、徹底的なもの、あるいはプロジェクト報道と呼ばれた調査報道は「リークジャーナリズム」と称されてきたものと混同されてはならない。「リークジャーナリズム」は、典型的には政治権力者がリークした文書や情報による、素早く打ったスクープである。実際、新興民主主義国においては、この定義はかなり曖昧になりがちで、記事が批判的、あるいは、リークされた記録を含んでいるだけで、調査報道と分類されてしまうことも少なくない。犯罪や汚職に焦点を当てた記事、分析、まったくの意見であっても、誤って調査報道と分類されるかもしれない。

　ベテランの研修担当者らは、最善の調査報道ジャーナリズムには、主要な情報源に大いに信頼を置いて仮説を設定・検証し、厳しい事実確認を伴った注意深い方法論を要する、と述べる。辞書による「investigation（探査あるいは調査）」の定義は、「systematic inquiry（体系的な調査）」であり、通常1日や2日ではできない。完全な調査は時間が必要だ。1990年代にデータ分析やビジュアル化のためにコンピュータを採用したような新技術の開拓について、この分野の重要な役割を指摘する人もいる。Brant Houston

は、イリノイ大学のナイト・チェア・オブ・ジャーナリズム (Knight Chair of Journalism) 取得者であり、長年、調査報道記者編集者協会のエグゼクティブディレクターとして働いていた[訳注:ナイト財団によって一流ジャーナリストで主要大学の地位を得ている者に与えられる地位]。彼は、「調査報道は、新しい技術や新しい進め方を教えるから重要だ」、「それらの技術は毎日の報道と一体となる。だからこの専門分野全体の制約を取り除いているのだ」と指摘している。

*1―調査報道の定義に関する長い議論については、以下を参照。 Investigative Journalism in Europe, Vereniging van Onderzoeksjournalisten, (VVOJ), 2005, pp.12-25.
*2―Story-Based Inquiry Associatesは以下を参照。 (http://www.storybasedinquiry.com/)
*3―この組織については、以下を参照。 Vereniging van Onderzoeksjournalisten (VVOJ), (http://www.vvoj.nl/cms/vereniging/profiel/onderzoeksjournalistiek)

▶国際的な援助の事例

　調査報道ジャーナリズムが、アカウンタビリティ、開発、民主主義に貢献することは、今や広く知られている。調査報道を増やすことで、独立メディアのためのプログラム、汚職に対抗する仕事、そして民主主義で良い政府のための方向付けを強化することができる、と寄付者らは理解したのだ。

　メディアの開発とアカウンタビリティがいかに汚職に立ち向かうことができるかを研究してきたエコノミストのDaniel Kaufmanは、「調査報道は、国家レベルで統治を改善するために、大きなインパクトを与えることができる」、「行政と司法が自らの履行義務を根本的に怠っている国々では、調査報道はその欠落を満たす助けになる[7]」との見解を示した。

　Kaufmanの結論は、トランスペアレンシー・インターナショナル (Transparency International, TI) による2012年の調査によって立証される。トランスペアレンシー・インターナショナルは、汚職に対抗する最善の闘い方について、30カ国の3000人のビジネス人に質問し、調査報道がたったひとつの有効な方法であるとの結論を得た。回答者らは、6つの選択肢を与えられた。賄賂や汚職に関する国際協定／賄賂を禁ずる国内法／調査報道／ビジネス界・政府・市民社会の多数の利害関係者による主導権／ビジネスパートナー・関係

政府機関・銀行によるしかるべき注意義務／出資者の評価モデルに汚職リスクを算入すること／である。30カ国中21カ国で、多数の回答者が調査報道を挙げた。「ポーランドからパキスタンまで、ビジネス人たちは調査報道が実に重要な役割を果たすと考えている」、「調査対象の大半の国々で、より多くの人々が賄賂禁止の国内法よりもジャーナリストが有効であると信じている[8]」、とトランスペアレンシー・インターナショナルは報告した。

アフリカ相互評価メカニズム（African Peer Review Mechanism, APRM）は、寄付者によって後援されたプログラムで、31のアフリカ諸国の政府が自己批判を行なう。彼らも調査報道ジャーナリズムの重要な役割に注目している[9]。2005年以降、ベナン、ガーナ、ケニア、モザンビーク、ナイジェリア、ルワンダ、ウガンダ、その他の国々に関する報告書は、汚職との闘いとアカウンタビリティを促進するために、より多くの調査報道が必要であると繰り返し確認してきた[10]。

このような調査報道ジャーナリズムの貢献から、欧州議会の予算関係部門は、不正と闘う際の調査報道の潜在的な役割について2012年報告書を依頼することにした。300頁にわたる研究は、調査報道は「EU加盟国とEU諸機関におけるさまざまなレベルや規模の不法行為・不正・汚職の探知、浪費の暴露で、より一層の透明性[11]」に大きく貢献できると結論付けた。

▶メディア開発における格差

調査報道ジャーナリズムはこのように支持されているのだが、投じられる基金は、メディア開発全体に使われる額のほんの一部分である。CIMAの概算で年間5億ドル（400億円）近くが国際メディア支援に費やされているが、調査報道プログラムに充てられる額はその約2％にすぎないようだ[12]。2007年には、英国国際開発省（Department for International Development, DFID）の報告が、調査報道分野はメディア開発基金のなかで、7つの主要な格差の一つであると明らかにした。それが変化したと信じる人はこの分野にはほどんどいない[13]。

そのうえ、寄付者がデジタルツールへの関心を高めれば、基金が存続する意味を小さくし、調査報道の支持者に警告を与えるおそれがある。改革や

社会変化ための運動を構築するには、ツイートやYou Tubeのビデオよりもコストがかかる。要するに汚職、人権侵害、不公平、アカウンタビリティの欠如を体系的な文書で証拠固めすることが不可欠なステップなのである。それこそがメディアやNGOの調査担当者らがしなければならない仕事だ。たとえば、「アラブの春」の間にソーシャルメディアで流通していた情報のほとんどは、最初アルジャジーラや他の「主流」メディアによって明らかにされたもっとしっかりとした裏付けのある報道に元情報があった[14]。

「技術は、自らの意見や憤りを表明する人々にとって、非常に魅力的なものである」、「しかし、技術は問題となっている事柄をより良く理解させるための必ずしも最善の道具ではない[15]」と オープンソサエティ財団メディアプログラムのロンドン事務局ディレクターであるGordana Jankovicは主張した。

Jankovicのプログラムは、世界中で、調査報道の手法を用いたジャーナリズムの構想を立ち上げる際の助けとなってきた。彼女はそうした仕事が依然として不可欠であると確信している。「独自の報道や内容が大量に展開されることを必要とする人がいると、我々は忘れがちである」、「それを行なうために、出来事同士の結びつきや相互関係を見つけることのできる記者が必要である。そして意図的に隠されたことを発見し、暴露する方策も必要である」と彼女は言う。

▶挑戦の主人公

　西洋の主要メディアで実践されている調査報道は世界の多くの部分では未だに知られていない。世界の広大な発展途上地域には、最も基本的な種類の報道があるだけである。比較的現代的な国々でさえも、技能のレベルは、できる、と言えるには程遠い様子だ。特に技術によって急速に変化を遂げている分野においてはそうである。

　挑戦の主人公は、調査報道の手法を用いたジャーナリズムの開発において、非常に限られた成果しか得ていない。多くの国々では、調査報道担当記者は他のどんなジャーナリズムよりも厳しい障害に直面している。ジョージアのRustavi-2の記者らは、いやがらせを受け、殴られ、収監され、最終的に殺害された。フィリピン調査報道ジャーナリズムセンターのジャーナリ

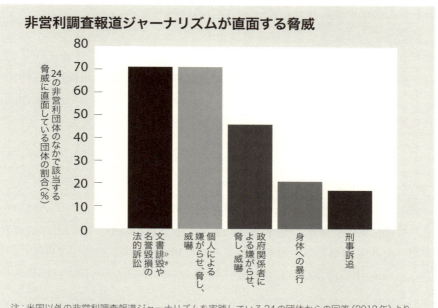

注：米国以外の非営利調査報道ジャーナリズムを実践している24の団体からの回答(2012年)より。

ストラは、繰り返し脅迫され、小さい町にいる彼らの仲間が身に覚えのないことで殺害されたときには、失望しながら警戒していた。プロジェクトジャーナリスト委員会(Committee to Project Journalists)の20年におよぶデータは、調査報道担当記者にとって共通の標的である犯罪や汚職の報道で殺害されたジャーナリストの数は、戦争報道で殺害された記者と同じくらいであることを示した[16]。

　刑事の文書誹毀訴訟、政府のスパイ、公務員と有力な地方利権双方からの脅しにいつも直面している者たちもいる。公的記録へのアクセス、法人による報告、誠実な警察や検察といった西洋のジャーナリストにとって当然の条件は、ある国々にはほとんど存在していない。さらに、他にも、高い費用や妥協的な経営者、有能な研修担当者と編集者の不足といった問題がある。メディア開発のためのNGOが調査報道の技法を広める重要な役割を果たしている。しかし、そこで働いている人には、メディアにバックグラウンドがある人でさえも、調査報道のプロジェクトの運営またはそれへの参加の経験がある人はほとんどいない。不正な金や外国スパイや企業の複雑な供給チ

ェーンを突き止める方法を理解している者は極めて少ない。

　問題を大きくしているのは、研修を担当できる人員がプロフェッション自体に対して非常に限られていることだ。アメリカの調査報道ジャーナリストは、利害が衝突する可能性を懸念して、政府の基金を得た組織から資金提供されることに概して慎重である。多くの事例において、彼らは政府機関からの報酬を排除する。調査報道記者編集者協会のような主要な非営利組織は、政府資金を受け付けていない。

▶パイの小さな一切れ

　メディア開発基金全体のうち、調査報道の支援に回されているのは、かなり少額である。正確な数字を算出することは難しいが、CIMAの調査対象だった非営利調査報道組織の予算規模を考えてみる。CIMAの質問に回答した50の組織のうち、32組織が発展途上や過渡期にある国々を拠点としている。これには、そうした地域において最も優位で成功している、フィリピン、ブラジル、ヨルダン、南アフリカ、バルカン諸国のセンターも含まれる。2011年のそれらの合計予算は600万ドル（4億8000万円）で、大きな額ではない。9組織は予算額を知らせることを拒否したが、その組織規模やスタッフ数を基にCIMAはそれらの合計予算を約100万ドル（8000万円）と見積もった。CIMAの調査によって発展途上や過渡期の国々を拠点とする9つの非営利組織が追加で特定された。これらの合計予算も約100万ドル（8000万円）と見積もった。見積総計額は年間約800万ドル（6億4000万円）ということである。

　その他の基金は、他の非政府組織（NGO）、大学、フェローシッププログラムなどセンター以外の調査報道プロジェクトに回っている。これらに対する調査から、その額は数十万ドル（数百万円）であり数百万ドル（数千万円）規模ではない、と推測できる。たとえば、国際調査交流会議は、ジョージアで一連の調査報道戦略を2011年に20万ドル（160万円）の費用で行なった。国際調査報道ジャーナリスト連合は、中東、アフリカ、ラテンアメリカでの調査プロジェクトを動かしたナイト国際特別研究員（Knight International Fellow）数件を支援してきた。ヨーロッパのNGOによる戦略も同じような規模である。

たとえば、アフリカニュース革新チャレンジ（African News Innovation Challenge, ANIC）のような他の戦略も重要な貢献をしている。グーグル、ゲイツ、ナイト、オミダイア（Omidyar）の財団など6団体ほどの後援者が約束した寄付金100万ドル（8000万円）で、調査報道に不可欠な開かれた政府とデータ分析に関する多くの戦略を支援してきた。しかし、その金額のうち多くは、新しいデジタルデリバリーシステムやワークフロー管理ソフトウェアのようなプロジェクトに回っている。これらのプロジェクトは、多くの調査報道をさらに強化する探偵のような仕事にはほとんど貢献しない。同様に、米国の国務省と国際開発庁の基金によるデジタルメディアプログラムは、多くの部分がセキュリティや問題回避対策、市民ジャーナリズム、そして開かれた政府戦略に向けられる。全てはメディア開発にとって助けとなり重要だが、世界中の隠れた不正や犯罪行為を突き止めることができる体系的な調査報道の類ではない。もし、アフリカニュース革新チャレンジのようなプログラムから、気前よく400万ドル（3億2000万円）が調査報道組織に回され、非営利組織に見積もった800万ドル（6億4000万円）の予算に追加されたとする。そうすれば、メディア開発に向けた調査報道に使えるおよその合計額が年間1200万ドル（9億6000万円）となるだろう。この1200万ドルをCIMAが算出した寄付者による2010年の国際メディア支援総額4.87億ドル（389.6億円）と比較すると[17]、2.46%にあたる。

調査報道分野の基金はとても貧弱だ。この報告書のためにインタビューした研修担当者やプログラムコーディネーターは、調査報道の仕事への基金は限定され、気まぐれで、メディア開発のために必須と見なされることはめったにない、との見解で一致している。たとえば、メディア開発コンサルタントのMary Myersは、メディア開発基金の格差に関する英国国際開発省の報告書の中で、「寄付者は調査報道、特に国内のジャーナリストによる調査報道をもっと支援できるはずだ[18]」と結論づけている。

研修にも報道にも支援が不足しているのは明らかである。西洋のジャーナリストは、論争的な事柄に関する徹底的な報道が支援を受けることは、商業メディアにおいていつも闘いであったと証言する。十分な広告収入があり、予算が増えていった「古き良き日々」でさえも、そうだったのだ。カルフォル

ニア大学バークレー校のジャーナリズム大学院で教えるピュリッツァー賞受賞者のLowell Bergmanは、「調査報道はいつも危機に瀕している」、「体制、つまり容認できない権力の既に確立された中心部分に挑戦するからだ[19]」と述べた。

　1世紀前の進歩主義時代のマックレイカー（汚職を暴く活動）にさかのぼる強健な合衆国の伝説的日々でも、調査報道は社会の関心や経済の時勢で上がったり下がったりしてきた。1970年初期のウォーターゲート事件の後、合衆国の新聞は大小あれ調査報道に日常的に従事し、TVネットワークの最近の話題を取り上げる番組は痛烈なレポートを呼び物にした。地方のTV局は消費者のための監視役的報道をし、この分野は復活期にひたった。しかし、2007年までに、手に負えないほどの深刻な不況による連続した困難がインターネット時代の到来と合わさって、読者・視聴者と広告収入を激減させ、調査報道の仕事も急激に減らした。合衆国を拠点とする調査報道記者編集者協会の会員数は2003年から09年の間に30%以上も減少した。ピュリッツァー賞のいくつかの調査報道部門への応募は40%以上も減少した[20]。

　スタッフ数の大幅な削減と編集室の予算の落ち込みは、その空白を埋めようと、米国の非営利報道センターが多数創設されることにつながった。1969年に調査報道ジャーナリズム基金（Fund for Investigative Journalism）の原型がスタートしてから数年間で、米国の少数の寄付者は、社会的・公的方針の重要性に関わる事柄について、独立した、監視役的報道を支援することが必要だと認めた。その支援は、かつては国内のわずかな非営利組織への限定的なものだった。しかし、今や、メディアと公共の方針への関心の高まりに伴って、地域の慈善家、コミュニティ、ファミリー財団、国の基金が市や州レベルの新しい非営利編集室にまで広がっている。アメリカのニュースメディアは時代の出来事を適切に報じることに失敗してきたという認識のもと、2012年にフォード財団が新しいことを始めた。移民コミュニティ、カリフォルニアの刑務所システム、国境地帯とブラジルに関する報道を強化するために、不調のロサンゼルス・タイムズ（Los Angeles Times）に100万ドル（8000万円）を与えたのである。「我々や多くの他の基金は、高品質のジャーナリズムを維持、前進させるための新しいアプローチを試しているところだ」とフォー

ド財団の広報担当者が説明した[21]。同財団は、続けて、金銭・政治・政府に関する特別プロジェクトに携わるジャーナリストを支援するために第2回の50万ドル（4000万円）をワシントン・ポスト（Washington Post）に交付した[22]。同様に、英国では、ビル=メリンダ・ゲイツ財団（Bill and Melinda Gates Foundation）が2010年にガーディアン（Guardian）の国際開発に関するウェブサイトの立ち上げと支援のため250万ドル（2億円）以上を提供した[23]。

報道だけではなく、研修も援助を必要としている。多くの国々のニュース組織は、調査報道の仕事に必要な複雑な技能を伸ばすために欠かせない研修にほとんど投資をしていないことで悪名高い。発展した広告市場、強力な独立メディア、汚職を暴く伝統をもつ北米や西欧でさえ、キャリア半ばや上級者の研修の多くは、調査報道記者編集者協会やロンドンシティー大学調査報道ジャーナリズムセンター（Center for Investigative Journalism）のような非営利のプロフェッショナル協会やセンターによって供給されている。米国では、こうした取り組みは財団や個人の寄付者に大きく支えられ、ヨーロッパでは政府の基金が重要な役割を果たしていることが多い[24]。

調査報道、とりわけ犯罪や汚職のような中核的話題に関するものが、市場のサポートのみに依存することは、民主化過程や発展途上にある国々では特に不安定であると、そこで調査報道を行なう記者らは言う。フィリピン調査報道ジャーナリズムセンターの前ディレクターで、現在コロンビア大学ステイビル調査報道ジャーナリズムセンター（Stabile Center for Investigative Journalism）のディレクターであるシェイラ・コロネル（Sheila Coronel）はこう説明する。「新しい民主主義のもとでは、権利を剥奪されたが権力にしがみつくエリートから、ただ商業的な機会を利用する新しく権利を得たエリートまでが、メディアに強い利害関係をもったということだ」、「公的利益を代表するような組織は極めて少ない[25]」。

調査報道記者たちが注意を向ける主な障害とは、地方メディアの所有権自体が、しばしば問題の一部であることだ。多くのメディア所有者たちが、汚職政治家、軍隊、組織的犯罪のような腐敗した同じ権力構造に結びついている。たとえば、ルーマニア調査報道ジャーナリズムセンター（Romanian Center for Investigative Journalism）による調査は、ブカレストのメディア所有者の

半分が不正な金儲けやマネーロンダリングで捜査を受けたことがある、との結果を示した[26]。ボスニア調査報道センターのジャーナリストは当地の地方メディアに同じパターンがあると伝えている[27]。そのような所有者らは犯罪や汚職の調査方法に関するワークショップを後援しようとはしないし、所有するメディアの編集者に地方の権力濫用についての痛烈な記事を続けることを許さない。

調査報道への慈善的支援は地方および国レベルでさらに発展する可能性がある。しかし、この分野は論争をはらむ。南アフリカとセルビアは、他の場所に比べ、オンラインでの資金調達に用心深い。彼らは力のある資本が多額の寄付を通じて彼らの仕事を揺さぶったり、曇らせようとすることを恐れるからだ。調査報道を支援しているモンテネグロのある監視グループは、オンラインファンドレイジングで得た約300ユーロ（3万円）について、それがアメリカ政府によってブラックリストに載せられている著名なバルカンマフィアからのものと分かり返却した[28]。

フィリピンのセンターは、有名で成功しているが、その仕事の資金を海外からの助成金に大きく依存してきた。「もし、我々が地元の財団から多くの資金を得ていたら、難しい局面が増えていただろう」、「地元の財団はビジネスに関係し、我々は高級官僚や政治家たちの金の問題を非難するのだから」とコロネルが説明した。

メディア開発のためのコミュニティと寄付者の一致した持続可能なアプローチが必要だ。インターニュース（Internews）で数年を過ごし研修プログラムを作り、現在はユネスコにいるGeorge Papagiannisは長期戦略が不可欠だと強調した。彼は「継続的な研修、コーチング、新入社員教育を設けることが必要だ。これは記者のためだけではなく、編集者のためにもだ」、「広範囲にわたる理解が必要だ。調査報道は長い期間の投資である。この種のジャーナリズムを実践できる記者らの真に中核的な集団を作りたいなら、週単位ではなく年単位の持続的な投資が必要だ[29]」とも述べた。国際調査交流会議でメディア開発担当の副会長であるMark Whitehouseは、「本当の変化が得られるまで、研修は複雑で長い期間となるはずだ」、「このような点から、長い期間にわたり参加できる者がほとんどいないのも分かる」と指摘した[30]。

ベテランの研修担当者のなかには、国の経済発展レベルに応じた区別をする者もいる。ブラジルのような発展中の経済と活気に満ちて洗練されたプレスがある国にとって、外部の援助の最善の組み合わせは、短期間のワークショップ、コンサルティング、目的を決めた基金である。発展が進んでいない国々では、現場スタッフによる長期間のプロジェクトがより効果的だろう。

個々のプロジェクトへの支援は、調査報道を行なうニュースメディアの発展のためのより幅広いプログラムに結び付けられる必要がある、ということに皆が同意する。Myersは、英国国際開発庁の報告書に次のように書いた。「メディア所有者には資金が不足していて、ジャーナリストには技能が不足している。報道をすることによってジャーナリストの生命や自由への直接的な脅威を引き起こすケースではジャーナリストを保護する必要がある。これらのことを焦点とする必要がある。」、「研修だけではなく、各ジャーナリストの保護、報奨金、信頼できる情報の流れ(たとえば、インターネットアクセス)、より良い高品質なメディアの表現手段のための組織的支援、フィリピンのセンターのような法的な裏打ちと支援の『全体的なパッケージ』が必要である[31]」。

マックレーキング(汚職を暴く)モデル:
フィリピン調査報道ジャーナリズムセンター

フィリピン調査報道ジャーナリズムセンターほど称賛を得た非営利組織はほとんどない。「私に一番の印象を与えたのは、フィリピンセンターの人々だった」と5年にわたって世界銀行の調査報道プログラムを運営したRoderick Macdonellが述べた[*1]。「彼らは、断続的に恐怖に晒されながら、まさに信じられない仕事をしていた」、「彼らは、いつも高潔さを持ち続け、いつでもとても革新的な仕事を行なっていた[*2]」と1990年代後半にフォード財団マニラオフィスを運営していたSuzanne Siskelが付け加えた。

数百ドル(数万円)とたった一つのタイプライターで1989年に設立されたフィリピンのセンターは、アジアにおける調査報道の価値基準に成長した。同センターは、エストラーダ大統領の隠し資産に関する連続報道で最もよく知られていて、大統領を辞任においやったのである。センターのインパクトは、スキャンダル自体よりはるかに上回っていた。記者らは、役人の

汚職と大企業の権力濫用を細心に文書で証明しながら、印刷物、ラジオ、テレビ、オンラインでの何百もの記事で報じ、8本のドキュメンタリーを作り、24冊もの本を書いた。その研修担当者たちは、ほとんど援助なしでフィリピンの調査報道ジャーナリスト一世代を教育し、アジア中に彼らのノウハウを広めた。そのうえ、同センターの卒業生は、現在、主要なテレビ局、新聞社、オンラインサイト、大学に地位を得ている。

フィリピン調査報道ジャーナリズムセンターの共同創立者で長くエグゼクティブディレクターであったシェイラ・コロネルは同センターの成功についていくつかの理由を提示した。第一に、1986年のマルコス政権の終焉のあとで改革された法的環境があった。第二に、フィリピンの生き生きとした競争力のあるプレスの長い伝統があった。第三は人々の支持である。「人々が注目していた」、「議会の聴聞があり、人々は我々が書いたことにかき立てられた。調査報道が改革やなんらかの行動を生み出すような十分な抑制と均衡があった[3]」と彼女は強調した。

その取り組みの鍵となったのは、市民の間に支持者を作ることであった。「我々は当初このことに気づかなかった」、「でも、恐怖に晒されはじめてから、我々の仕事について語ること、そして、ロータリークラブ、教区、大学、市民のグループにとってなぜ我々の仕事が重要なのかについて語ることに精を出した」とコロネルは言う。彼女が力説したのは、300人の聖職者に「なぜあなたはこのことをしているのか、あなたの情報源は誰なのか、あなたはどんな方法を使うのか、を理解することは皆にとって大事なことだ」と話したことである。非常に重要な会合のうち何件かは、政府内の者との会合だった。「その人たちの多くは、我々がしていたことを本当に信じている。たとえ、軍部や最も腐敗した機関にいるとしても。もし、あなたが新しい民主主義の中にいるのなら、そこではルールは全て新しく、全てが良く理解されている。あなたは自らの立場をはっきりさせ、人々にそれを説明することが必要だ」。

コロネルは、報道に対するセンターの方法論、慎重なアプローチも信じている。「この種の仕事をしていたら、大きな間違いは許されない」、「公表することに対して高い基準を設定している。記事は多くの段階の編集を

経ている。エストラーダ元大統領の件も含め、我々は、別サイドからの話を得るためだけに何カ月も待った」と彼女は説明した。

　もう一つの主な要素はフォード財団からの基金であるとコロネルは付け加えた。センターの年間予算およそ50万ドル（4000万円）の30%が財団から提供されている。このセンターは、成功し有名だけれど、ジャーナリスト研修で得る報酬とメディアへの記事販売で、その収入のたった20%しか得ていない。「補助金では一般諸経費や給料の多くをまかなえない」、「基金が余裕を与えるから、来月の家賃についていつも考えている必要はなくなる」と彼女は言った。

　フォード財団のSiskelは、このセンターが成功した最後の理由を付け加えた。それは、リーダーシップである。現在、コロンビア大学ステイビル調査報道ジャーナリズムセンターのディレクターであるコロネルは、大いに信頼できる人物だ。でも、「それは彼女ひとりのことではない。フィリピンセンターのメンバーはとても大胆で勇気があり、彼ら自身が自らの原則を支えた。彼らの勇気は、誰かが教えることのできる類のものではない[4]」と述べた。

---

[1] ─世界銀行研究所調査報道プログラムの元ディレクターRoderick Macdonellへの筆者によるインタビュー（2007年10月22日）での発言。

[2] ─フォード財団コミュニティ・資源開発ディレクターSuzanne Siskelへの筆者によるインタビュー（2007年10月17日）での発言。

[3] ─コロネルへの筆者によるインタビュー（2007年10月1日）での発言。

[4] ─フィリピン調査報道ジャーナリズムセンターに関する詳しい情報は、同センターホームページ（http://www.pcij.org）を参照。そのほか、Charles Lewis, The Growing Importance of Nonprofit Journalism, The Joan Shorenstein Center on the Press, Politics and Public Policy, Harvard University, 2007,（http://www.crji.org/news.php?id=128&l=2）も参照。

6　調査報道の世界地図

　世界中の調査報道の手法を用いたジャーナリズムの詳細な統計調査は、この報告書の範囲を超えている。しかし、インタビュー、CIMAによる調査報道センターへのリサーチ、最近の戦略の再検討によって、世界中のジャーナリストらの行動や関心の特徴が明らかになる。

　大規模な研修会議の増加は特に注目すべきだ。2001年以降、7回の世界調査報道ジャーナリズム会議(Global Investigative Journalism Conferences)は、100カ国からのおよそ3500人のジャーナリストが会して催された。集まったジャーナリストたちは、多数の地域規模・国家規模のグループ、ネットワーク、会議を立ち上げてきた。この会議は、第一線の記者らがインタビューのテクニック、秘密裡の仕事、データ分析、どのように不正な金を追うか、などなどを説明することを呼び物としたワークショップや公開討論会を備えたもので、研修に重きを置いている。

　アラブ調査報道記者協会の年次会議は、モロッコからイラクにおよぶ300人のジャーナリストのホスト役をつとめる。ペルーのプレスと社会研究所(Instituto Prensa y Sociedad〈Institute of Press and Society〉)に後援されたラテンアメリカ調査報道ジャーナリズム会議(Conferencia Latinoamericana de Periodismo de Investigation, COLPIN)も、毎年、ラテンアメリカ中の何百人ものジャーナリストを惹きつけている。サハラ以南のアフリカの力強い報道のための会議(Power Reporting Conference from sub-Saharan Africa)やアフリカ調査報道記者フォーラムと南アフリカのウィッツ大学のジャーナリズムプログラムの共催も同様である。2005年より前には、いずれの集まりも存在していなかった。米国、北欧、ブラジル、コロンビアでは、大規模な国内の会議も開かれた。ブラジル調査報道ジャーナリズム協会(Brazilian Association of Investigative Journalism, ABRAJI)の年次会議はブラジルの全ての州から800人の人々が参加し、そのうち半分は学生であった。この種のイベントでは、たいてい、最高のジャーナリズムを讃え、世界クラスの報道の例を示すために賞が贈られる。

　技能、人間関係、経験を共有することは若い記者にも経験のある記者にも有益である。同じように大切なのは、ジャーナリストが権力者や権力機関

を調査するときに遭う脅威や圧力に対抗するために不可欠なモラルや精神的支援を会議で提供することである。カラチに拠点を置く有名なパキスタン人ジャーナリスト Aamir Latif に地球規模の会議が与えた衝撃を考えてみよう。

　私が世界調査報道ジャーナリズム会議で学んだ最も重要なことは、情報の権利が意味をなさないパキスタンのような国でどのように仕事をしたり、自分自身を保つかということだった。年長の調査報道ジャーナリストは、オフィシャルなセッションやセッション外で、非協力的な政府や安全保障当局者にどのように挑むのか、危険な一線をいかに越えないようにするのか、を年少のジャーナリストに語った。
　ベテランの調査報道記者に会って学んだことは、素晴らしく、忘れがたい。この経験は、私の調査報道記者としてのキャリアを立て直すのにとても役立った。特に、誇張表現で面白くするのではなく、事実と数字、ふさわしい引用、適切な分析を集めることによって、単なるアイディアをよい調査報道の記事に変える方法を学んだ[32]。

　こうした会議は、発展途上国のニュースメディアによる調査報道の仕事の増加に平行して、またそれに後押しされて増えた[33]。中国のジャーナリストは、経済詐欺、スポーツ試合の不正、環境破壊を暴露した[34]。インドの記者らは、政治の汚職、命を奪うような職場、ヒンズーナショナリストの役人がどのように反ムスリムの暴動を密かに扇動したかを明らかにした[35]。スロベニアでは、今はないユーゴスラビア軍からの10億ドル（800億円）分の武器がバルカン諸国の地域紛争、闇市場、汚職をいかに促したかを明らかにするために、ジャーナリスト二人組が同国の情報自由法を利用した[36]。2012年のラテンアメリカ調査報道賞の受賞者は、日刊の Folha de Sao Paulo のチームである。大統領スタッフの長がその地位によって個人的な利益を得ていた問題で起訴に導いた[37]。2012年のアフリカ調査報道ジャーナリズム賞の最高賞は、南アフリカ警察の死の分隊の暴露でサンデータイムズ（Sunday Times）、モザンビークにおける政府腐敗と違法な木材切り出しの秘密取材でザンベジ

デイリーニュース（Zambezi Daily News）、ケニアの暴力団とコンゴ共和国の恐ろしい鉱山状況についての秘密裡の探査であった[38]。

　この記者たちは前線で多くの助けを得ている。より良い研修と調査技法、デジタルコミュニケーション、携帯電話からソーシャルメディア、仲間たち・情報源・データへの地域規模、地球規模のアクセスである。強力な利権に関する報道が非常に危険な弾圧的な国々では、ジャーナリストらは、食品の安全、子どものケア、公衆衛生のようなあまり論争的ではない事柄を掘り起こすことから探査を開始した[39]。

　調査報道の広がりに関するより完全に近い調査のひとつは、オランダ＝フランドル調査報道ジャーナリズム協会によって2005年に行なわれた調査だ。「Investigative Journalism in Europe（ヨーロッパにおける調査報道ジャーナリズム）」と題され、ロシア、トルコ、ウクライナを含む20カ国のジャーナリストの200件のインタビューを基にした355頁におよぶ研究である。これらの国々には、プロフェッショナルの研修、プレスの自由、名誉毀損法、情報へのアクセスにかなりのバラつきがあったが、この研究は、リサーチ対象のほぼすべての国々で調査報道の活発な例を発見した。驚くに値しないことだが、この報告書は、高水準のプレスの自由があり汚職が少ない国々ではより調査報道を行ないやすい、と記している。たとえば、いつもプレスの自由の最高ランクを占め、汚職が無い北欧の4カ国全てが調査報道協会の本拠地である[40]。

　おそらく最も印象的な本研究の発見は、メディア販路の経済的健全性と調査報道の伝統の間に明確な関連がないということである。中規模なデンマークとスウェーデンの新聞は、しばしば資金に困っているが、強力な調査報道を行なっている。その一方、大規模なフランスの新聞は行なっていない。この研究は、「各国内と国を横断した比較の双方で、予算と調査報道の間に明らかな関係はない」、「ある小規模で貧しいメディアはとても行動的で、ある大規模で豊かなメディアはそうではない」と記す。この研究で行なったインタビューによれば、調査報道の仕事の主要な構成要素は、すぐれた処理能力、創造的な編集室、リスクを受け入れる力量である[41]。

▶寄付者と開発

　本報告書による再検討では、調査報道ジャーナリズムに寄付をする数少ない主要な寄付者の関心を明らかにする。有名なプログラムについて見てみよう。

- オープンソサエティ財団は、育成資金とプログラム支援を提供し、世界中の多くの調査報道組織に最先端の戦略を提供する。この分野を支援する寄付者の中で、最大かつ最も重要な役割を果たしてきた。ロンドンを拠点としたメディアプログラムとさまざまな地域のプログラム基金を通じて以下のような支援をしてきた。バルト諸国調査報道ジャーナリズムセンター（Baltic Center for Investigative Journalism）やブラジルのパブリカ（Publica）のような国内報道センター、国際調査報道ジャーナリスト連合や組織犯罪・汚職報道プロジェクトのような国際的な報道ネットワーク、調査報道ジャーナリズムのための欧州基金（European Fund for Investigative Journalism）のような基金媒体、研修の構想、地球規模・地域規模の会議である。

- メディア開発への世界最大の寄付者である米国の国際開発庁は、調査報道を支えるために長年多額の援助をしてきた。最近の主な戦略は、国際調査報道ジャーナリスト連合と組織犯罪・汚職報道プロジェクトへの3年間の300万ドル（2億4000万円）の補助金である。これは、組織犯罪・汚職報道プロジェクトが東欧および旧ソビエト連邦の14カ国にある調査報道センターや編集室の編集能力確立を支援するのに使われている。国際開発庁は、中東、ジョージア、ウクライナその他の場所で、新しい調査報道プログラムにも基金を提供した。

- 米国の国務省は、バルカン諸国とアゼルバイジャンでの長期間プロジェクト、エルサルバドル、インドネシア、ネパール、その他の国々でのワークショップに基金を出した。同省による外国からの訪問者向けプログラムでも、毎年数十人におよぶ調査報道ジャーナリストをセミナー、編集室訪問、特別研究員制度のために米国に招く。加えて、米国の大使館は各国で調査報道センターやその構想に少額の補助を出している。

- スカンジナビア諸国の政府は、多様なプログラムに基金を出してきた。

デンマークとスウェーデンの政府は、アンマンを拠点としたアラブ調査報道記者協会に相当額を付与してきた。デンマーク外務省は、東欧とコーカサスのジャーナリストに順番に少額を付与するSCOOPに対し、複数年の基金も出してきた［訳注：SCOOPは、デンマーク調査報道ジャーナリズム協会によって運営されている東欧・ロシア・コーカサス・中央アジアでの調査報道記者ネットワーク］。

- 民主主義のための全米基金は、多数の調査報道の手法を用いたジャーナリズムの構想に貢献してきた。そのリストには、チリ調査報道センター（Centro de Investigative reporting, CIPER）、ペルー IDLレポーターズ（IDL-Reporteros）、セルビア調査報道ジャーナリズムセンター（Serbian Center for Investigative Journalism, CINS）の各センターがある。
- ユネスコは現在アラビア語、中国語、ロシア語を含む5カ国語で利用できる調査報道手引書およびそれを教えるモデルカリキュラムに基金を出している。国連開発プログラムは汚職報道の手引書に基金を出している。
- オープンソサエティ財団と並んで個人財団も重要な貢献をしている。ジョン.S＝ジェイムス.Lナイト財団（John S. and James L. Knight Foundation）は、1994年からナイト国際特別研究員制度を支援してきた。これは、国際ジャーナリストセンターによって管理され、その一部が調査プロジェクトに焦点をあてている。ゲイツ財団もサハラ以南のアフリカで健康関連報道のためにナイト特別研究員らを後援している。そのなかに、時には調査プロジェクトもある。他の寄付者らは、人身売買、環境問題、汚職行為などのテーマに関する研修や調査報道の単発プロジェクトを提供してきた。
- テクノロジー産業界の寄付者らは、調査報道を補助するオープンデータやニュースアプリケーションの促進に重要な貢献をしている。文書やデータの管理者、マッピングソフトウェア、セキュリティ対策、データ分析ツールに関するプロジェクトに提供するために、何百万ドル（何億円）規模の資金がアフリカ、ヨーロッパ、米国でのコンテストに使われた。その後援者は、グーグル、ナイト財団、オミダイアネットワーク（Omidyar Network）である。

世界銀行：ゲームに戻る

　世界銀行研究所の開発専門職である世銀研修部門では、1990年代半ばから調査報道ジャーナリズムに注目しはじめた。世銀が汚職との闘いを優先課題とする場合、世銀スタッフにとって独立した調査報道機関は明らかに重要であると思われた。研究所が発展途上世界でワークショップを後援したところ、費用が増え始めてしまった。世銀は節約のため、遠隔研修に変更し、ワシントンDC本部外の拠点で革新的なビデオ会議プログラムシリーズを立ち上げた。

　カナダの調査報道ジャーナリストRoderick Macdonellの概観によれば、その無料コースは人気となり、プログラムはブームになった。Macdonellと同僚らは毎年対面のワークショップを通じて約150人のジャーナリストに会うことができたが、ビデオ会議でその数は4倍になった。「山小屋での生産率から産業レベルに増えた」と彼はプログラム開始当時に書いている[*1]。2000年から2004年において、研究所のプログラムでは約35カ国の1500人以上を、多くはフランス語と英語を話すアフリカだが、アジアやラテンアメリカのジャーナリストも研修した。週間のクラスは、多様な情報源、公的記録の利用、インターネットにある資源に重きを置いた1コース10セッションで構成された[*2]。

　このプログラムは、高評価を得、痛烈な記事の輝かしい成果を上げたのだが、自らの成功の犠牲になってしまった。世銀職員によれば、この研修を済ませた非常に精力的なジャーナリストについてホスト国からの不満がたまった。2004年、研修担当者たちにとっても理由は闇の中のまま、ついに世銀指導部はこのプログラムを潰した。「世界銀行があれほどメディアの研修をすべきではないという感覚があったのだろう」とMacdonellは思い起こし、「他の人々がそれをまた始めるべきだ[*3]」と述べた。

　今日、世銀はメディアの研修を再開している。世界銀行研究所は、アフリカで政府の予算と調達に関する報道方法の研修を行なっている。世銀が収集する何ギガバイトにも及ぶデータを備え、研究所スタッフは健康、教育、政府の財政、その他の主なトレンドを追うためにジャーナリストを訓練している[*4]。そして、ザンビアにおいては、世銀のガバナンスグループ

が好評の連続ワークショップやコンテストを後援し、地方メディアによる調査報道の士気を高めた*5。

　世界銀行はこの新しい関心をもち続けるだろうか？　世銀側が透明性を強要し、汚職と闘うことに一層積極的になれば、ホスト国は再び引き戻すだろう。「我々は歴史を知っている」とある内部者は述べた。

*1—Roderick Macdonell, "The World Bank and Investigative Journalism," Media, Canadian Association of Journalists, Spring 2001, (http://caj.ca/wp-content/uploads/2010/mediamag/spring2001/cover2.html)
*2—筆者によるRoderick Macdonellへのインタビュー (2007年10月22日) より。
*3—世界銀行が過去に行なった調査報道との関わりについては以下を参照。World Bank Institute Learning Programs, "Topic: Information, Governance and the Media, The World Bank," the World Bank Institute; The World Bank Institute, "The World Bank and Investigative Journalism," WBI Themes, September 26, 2001, (http://siteresources.worldbank.org/PSGLP/Resources/461605-1102093132725/today_journalism.pdf)　World Bank, "Investigative Journalism Course Strengthens the Media in Latin America," August 15,2001, (http://lnweb18.worldbank.org/External/lac/lac.nsf/adc3b69a06f3d131852569be003ad137/912cd5fa7bb03c4885256 aa300757211?OpenDocument)
*4—"Image: WBI's Media Training Program," World Bank Institute, (http://wbi.worldbank.org/wbi/content/wbismedia-program-image)
*5—"Why Training Day Matters: An Investigative Journalism Program in Zambia," The World Bank, August 14, 2012, (http://blogs.worldbank.org/publicsphere/node/6069)

▶調査報道の実践者たち

　調査報道の広がりを支援する国際的な取り組みは、活動の幅は広いが、概して組織的とはいえず中心戦略がない。メディア開発については、寄付をする者による主導権争いと、実践する者同士でコミュニケーションが成立していないことがしばしば非難されている。調査報道を行なうメディアの発展という同じ目的を持ちながら、それらの活動の間に離反が生じていることが、事態を複雑にしている。一方は基金を出す合衆国政府当局とNGOで、他方のプロフェッショナルの調査報道ジャーナリストのコミュニティは、政府後援のプログラムへの参加を敬遠する。最も注目すべきは、調査報道ジャーナリストの世界最大の研修機関であろう調査報道記者編集者協会の存在感の無さである。独立を重んじる同協会はあらゆる連邦政府基金の受け取りを拒

絶する。その結果、その中心的な役割にもかかわらず、この報告書のためにインタビューした合衆国当局のメディア開発担当者の幾人かは、この協会についてほとんど、あるいは何も知らなかった。

　会費、研修料金、基金から得た資金、ボランティアスタッフに支えられて、調査報道記者編集者協会は国際的調査報道において重要な役割を果たしてきた。この組織は、6カ国の調査報道センターのスタートを助け、奮起させ、国際会議や多数のワークショップを共催する。そのオンライン資源やコンサルティングを通して、海外の数千人ものジャーナリストに接触してきた。年次会議はいつも1000人ものジャーナリストを惹きつけている。かつては国内向けだったが、いまや参加者の10%が海外からで、東アジア、ヨーロッパ、ラテンアメリカのトップジャーナリストが集まる。今こそ、合衆国の国務省が毎年行なっている調査報道訪問者プログラムを調査報道記者編集者協会の会議と合流させる時である。記者や編集者らが最新データジャーナリズムなどの情報や技術を共有する100以上の公開討論会に訪問者らを触れさせることができる。

　メディア開発のコミュニティとプロフェッショナルジャーナリズムのコミュニティの間に交流がないということは、驚くべき結果を生じさせる。国際的な援助プログラムのスタッフはしばしばジャーナリズムについてほとんど知らず、調査報道の手法を用いたジャーナリズムについては当然もっと無知である。合衆国国際開発庁が2012年に東ティモールでの調査報道プログラムを運営するために民間軍事会社であるダインコープ（Dyncorp）の支社に基金を出したことを誰か説明できるだろうか？[42]　ダインコープは世界中のホットスポットにセキュリティを供給する国防総省の契約相手であり、ここ数年、違法売春、契約の管理ミス、浪費に関し論争を呼び、ジャーナリストによる報道の標的となってきた[43]。

7　非営利モデル

　この分野で活躍するベテランの研修担当者やジャーナリストは、海外の調査報道ジャーナリズムの発展は、非営利組織ネットワークの成長に大きく依存している、と語る。非営利組織のネットワークは多様な演者の勢ぞろいである。報道組織、研修機関、助成活動を行なう団体、ジャーナリストと対人あるいはオンラインでつながる地域的・地球規模のネットワークである。これらの役割のいくつかを併せもつ組織もある。

　非営利モデルは米国で始まったが、米国内と海外の双方で急速に広がった。この広がりは調査報道の発展に身を投じた米国を拠点とした少数の非営利組織とともに1970年代と80年代に始まった。スカンジナビアやフィリピンの組織も加わって、東欧の共産主義崩壊後、このモデルは流行した。2000年代初頭には、アルメニア、ルーマニア、ボスニアで新しいセンターが始まり、これらの国の主要メディアが報じない痛烈な記事を書く記者らに本拠地を提供した。同時期に、ブラジル、オランダ、南アフリカに類似の団体が組織された。国際会議、ワークショップ、オンラインメディアがこのモデルを世界規模に広める助けとなった。

　発展途上世界での一人体制からニューヨークのウォール街にオフィスを構える何百万ドル（何億円）規模のプロパブリカまで、さまざまな団体にはスタッフや予算の規模で大きな幅がある。非営利は、どこででも適切とは言えず、全てのモデルが所与の環境で上手く機能するとは限らない。しかし、非営利モデルは成功する可能性があることをいくつかの理由が示してきた。

　発展途上や過渡期の国々において、非営利の組織は、犯罪・汚職・アカウンタビリティに関して最高水準の報道ができるという直接の証拠を提供する極めて文字どおり卓越したセンターとして働く。「センターの役割は、この種の報道が可能であるということを示し、他の人々にもそれを奨励する触媒のようだ」とフィリピンのセンターの共同創立者コロネルは言う。実際に、センターの仕事はフィリピンのテレビ局や新聞社で調査報道チームの創設につながった。ボスニア調査報道センター（現地語の頭文字CINで知られている）の創設者であるDrew Sullivanは、それを「地方メディアへの基準のてこ入れ」

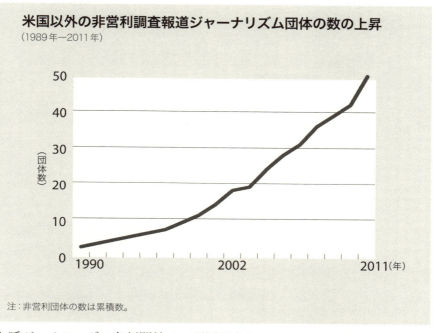

米国以外の非営利調査報道ジャーナリズム団体の数の上昇
(1989年―2011年)

(団体数)

注:非営利団体の数は累積数。

と呼ぶ。サラエボの各新聞社は、所属記者たちにCINタイプの記事を求めていると伝え始めた。CINタイプとは、証拠書類によってよく証明された深い情報のもので、多くの日刊新聞を埋めている自説を曲げない薄い報道内容とは一線を画すものである[44]。

　CIMAが2007年に非営利調査報道センターを調査したときには、その数は26カ国39カ所で、半分以上は2000年以降に登場していた。2012年の追加調査では、47カ国に106の非営利センターがあり、急増が続いていることが分かった。

　北米や西欧以外の組織の大半は、有力な支援者のなかのオープンソサエティ財団、合衆国国際開発庁、デンマーク外務省からの国際援助を受けている。ラテンアメリカの、たとえばブラジル調査報道ジャーナリズム協会やチリ調査報道センターは、米国のよく似たケースと同様に、民間基金の地方財源をうまく発展させた。

　これらの非営利調査報道組織は、一般的に以下の3タイプとなる。一つ目は、報道センターで、ドキュメンタリーやスクープ記事といった編集物を出

149

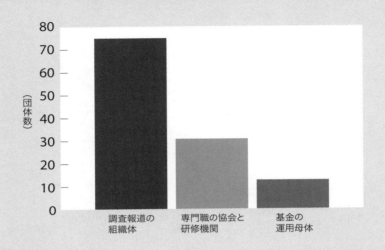

種類別でみた非営利調査報道ジャーナリズム団体の数（2012年）

注：世界各地の106団体のデータ。いくつかの団体は複数の役割を持っていることからこの合計は団体数より多くなっている。

す。二つ目は、協会や研修センターで、これには会員組織やプロフェッショナルのネットワークも含まれる。そして三つ目は、助成活動を行なう組織で、典型的には比較的少額の数百ドルから数千ドル（1万円から数十万円ほど）を調査報道の手法で記事を書くジャーナリストに提供する。

この3モデルの特色を合わせたものもある。以下がその概観である。

▶報道組織

1977年にバークレーで始まった、カリフォルニア州を拠点とする調査報道センターは、非営利の徹底的な報道をする団体で、ここ10年間活躍してきた。米国以外の先駆的組織は、フィリピン調査報道ジャーナリズムセンターとボスニア調査報道センターである。オープンソサエティ財団は、ロンドンを拠点としたメディアプログラムと国内オフィスを通したプログラム双方で、バルト諸国、ハンガリー、マケドニア、南アフリカでの事業開始など多くの団体を立ち上げる基金を付与する役割を果たしてきた。

いくつかの地域ネットワークも作られてきた。

- アフリカ調査報道記者フォーラムは2003年に始まり、サハラ砂漠以南の諸国をメンバーとする。自らの調査報道を行なうことに加えて、会議の開催や基金と賞の付与をしている。
- アラブ調査報道記者協会は2005年に結成され、同じく、自らのプロジェクトを行ないつつ、地域のジャーナリスト協会としても活動している。その年次会議では、中東や北アフリカからの何百人ものジャーナリストに調査報道を示してきた。
- サラエボを拠点とした組織犯罪・汚職報道プロジェクトは2006年に結成され、東欧や旧ソビエト連邦諸国にあるセンターをまとめる団体である。3年間300万ドル（2億4000万円）の合衆国国際開発庁の基金に後援され、メンバーである14のセンター・ニュース組織と国際ジャーナリストセンターのパートナシップで、犯罪と汚職の痛烈な記事、メディア保護策、データベース、資金作りの援助で協働している。
- 米国を拠点とした調査報道ニュースネットワーク（Investigative News Network, INN）は2010年に創設された。米国内とカナダの70以上の非営利のメンバーに、持続可能なモデル、技術、協働、記事配給、事務部門について援助を提供している。この会員には、近年創設されたアメリカの地方・地域のセンターやオンライン出版社の多くが含まれている[45]。

　米国を拠点とした非営利組織で国際的な活動をする組織もある。国際調査報道ジャーナリスト連合は、60カ国以上の160人のジャーナリストで構成されるネットワークであり、ワシントンDCを拠点とする「公共の高潔さのためのセンター」によって創設された。国際調査報道ジャーナリスト連合の国境を越えた調査は、水産物、タバコ、人体の組織、アスベストの闇市場、軍事援助、人権に関する報道、その他で受賞作を生み出した[46]。

　この団体は、優秀な国際的調査報道に贈られるダニエル・パール賞（Daniel Pearl Award）も提供している。ニューヨークを拠点とするプロパブリカ、バークレーの調査報道センター、DCを拠点とする100人の記者たち（100Reporters）も国際プロジェクトを手掛けている。アメリカン大学の調査報道ワークショップ（Investigative Reporting Workshop）、ブランダイズ大学のシュスター調査

報道ジャーナリズム研究所（Schuster Institute for Investigative Journalism）、コロンビア大学のステイビル調査報道ジャーナリズムセンター、カリフォルニア大学バークレー校の調査報道プログラム（Investigative Reporting Program）の大学を拠点とする各調査報道プログラムも同様である。

▶プロフェッショナル協会とネットワーク

　国際的なレベルでは、世界調査報道ジャーナリズムネットワークが世界の調査報道コミュニティの重要な中心として台頭してきた。これは、35カ国にある70以上のメンバー組織をまとめ、非営利編集室、プロフェッショナル協会、オンライン出版社、研修センター、アカデミック部門を持ち、調査報道ジャーナリズムを支援する組織としての役割もある。2003年に創設されたこのネットワークは、2年ごとの調査報道ジャーナリスト世界会議から発展した。2001年以降の研修やネットワーキングの会議うち7回は、トロント、コペンハーゲン、キエフというそれぞれに遠い都市で行なわれた。世界調査報道ジャーナリズムネットワークは、100カ国以上からのおよそ3500人のジャーナリストのホスト役をつとめ、調査の技術、データ分析、最新技術ツールについての委員会を備える。調査報道ジャーナリズムの福音を世界中に広めるために頑張っている情熱的な記者たちによって、時にこの会議は参加者にとって伝道的な感覚もあった。この集まりは、データジャーナリズムと調査報道を世界中に広める中心的役割を果たし、多くの調査報道組織の基金を促し、世界規模でのジャーナリストの協働を引き起こした[47]。

　2012年、世界調査報道ジャーナリズムネットワークはその能力を高め、世界の調査報道ジャーナリストを結び付ける緩いネットワークを強固なものにするために、事務局を創設した（原注：筆者はこの事務局の初代ディレクターである）。会議やワークショップ、100カ国以上にソーシャルメディアを広げたこと、ボランティアの地球規模のネットワークによって、何千人ものジャーナリストに接触している。調査報道の方法論、情報源、非営利組織、プロジェクト運営に関する専門知識を供給するのだ。このネットワークとイリノイ大学の調査報道・進取的ジャーナリズムのためのナイト財団寄付講座（Knight Chair of Investigative and Enterprise Journalism）の共同創設者であるBrant Houstonは

こう評価する。「世界調査報道ジャーナリズムネットワークは、世界中に調査報道を広めるだけではなく、調査報道記事の信頼性とインパクトを保証する確立された方法論や基準を共有することを促す世界一の媒体である」[48]。

次の基金を作る団体の項目で言及するSCOOPが行なっているように、上記の国際的な報道ネットワークは調査報道ジャーナリストをお互いにつなげる重要な役割を果たす。国内レベルでも、18カ国にプロフェッショナル協会があり、そのなかで最も優位なのが、米国を拠点とする調査報道記者編集者協会である。

アメリカの調査報道ジャーナリストは、ウォーターゲート事件によって目覚め、技術を支援し、研修を提供し、会員を保護するプロフェッショナル協会の必要性を感じた。こうして生まれた調査報道記者編集者協会は世界で最も大きく、最も古い調査報道ジャーナリストの協会である。同協会はミズーリ大学のジャーナリズムスクールにある拠点で、データジャーナリズムを先駆けて行ない、熱意に与える賞を出し、世界中から1000人ものジャーナリストを惹きつける年次会議を催す。4200人の会員をもち、米国内や世界中でワークショップを行ない、世界最大のジャーナリスト研修機関のひとつでもある。政府からの基金を受け取らないので、その仕事はメディア開発のコミュニティの中ではあまり知られていないようだ[49]。

調査報道記者編集者協会は、アリゾナ・リパブリック(Arizona Republic)の記者Don Bollesの自動車爆破殺害についての報道で、その先駆けとなった存在として特によく知られている。それまで例がなかったチームによる調査報道を引っ張り、コーディネイトした。アリゾナ州の組織犯罪と公人の汚職についてのBollesの仕事を完成させるためである。28の新聞社や放送局から38人のジャーナリストが加わったそのプロジェクトは、数カ月にわたり地方公務員とマフィアにスポットライトをあて、その事件に関し多数の告発を進める助けとなった。そして、米国の組織的犯罪に対し、国内での記者殺害は高くつくことになると知らしめた[50]。

調査報道記者編集者協会のモデルで成功したのは、ブラジルの調査報道ジャーナリズム協会である。2002年に結成され、3000人以上のメンバーを達成した。研修課程、セミナー、ワークショップを通じて研修を受けた人は

5000人以上にのぼる。プロフェッショナルの集団は、北部ヨーロッパ諸国でも盛んである。デンマーク調査報道ジャーナリズム協会（Danish Association of Investigative Journalism, FUJ）、スウェーデンのグラバンデ・ジャーナリスター（Gravande Journalister）、ドイツのネットワーク・リサーチ（Netzwerk Recherche）、ノルウェーの批判力がある調査報道プレス協会（Stiftelsen for en Kritisk og Undersøkende Presse, SKUP）、オランダ＝フランドル調査報道ジャーナリズム協会などがある。国内での研修に加え、これらのメンバーの多くは海外でワークショップを行なっている。

　発展途上国では、モロッコ調査報道ジャーナリズム協会（L'Association Marocaine pour le Journalisme d'Investigation, AMJI）や　ナイジェリアのウォーレ・ショインカ調査報道ジャーナリズムセンター（Wole Soyinka Centre for Investigative Journalism, WSCIJ）がある。

大きな調査報道非営利組織（米国以外）の2011年年間予算

調査報道ジャーナリズム協会 (The Bureau of Investigative Journalism)（英国）	90万ドル (7200万円)
アラブ調査報道記者協会 (Arab Reporters for Investigative Journalism)（ヨルダン）	88.6万ドル (7088万円)
調査報道ジャーナリズムM&Gセンター (M&G Center for Investigative Journalism)（南アフリカ）	59万ドル (4720万円)
パスカル・デクルース基金 (Pascal Decroos Fund)（ベルギー）	53.5万ドル (4280万円)
組織犯罪・汚職報道プロジェクト (OCCRP)（ボスニア）	58.6万ドル (4688万円)
調査報道センター (Center for Investigative Reporting)（ボスニア）	46.8万ドル (3744万円)
SCOOP (Supporting Investigative Journalism)（デンマーク）	45.4万ドル (3632万円)
地域的プレス開発研究所 (Regional Press Development Institute)（ウクライナ）	36万ドル (2880万円)
調査報道ジャーナリズムセンター (Center for Investigative Journalism)（英国）	32.5万ドル (2600万円)
アフリカ調査報道記者フォーラム (Forum for African Investigative Reporters)（南アフリカ）	30万ドル (2400万円)
合計	540.4万ドル (4億3232万円)

出典：2012年のCIMAによる調査。

大きな調査報道ジャーナリズム非営利組織（米国）の2011年年間予算

プロパブリカ (Propublica)	1010万ドル (8億800万円)
調査報道センター (Center for Investigative Reporting)	520万ドル (4億1600万円)
公共の高潔さのためのセンター (Center for Public Integrity)	510万ドル (4億800万円)
調査報道ワークショップ (Investigative Reporting Workshop), アメリカン大学	170万ドル (1億3600万円)
調査報道記者編集者協会 (Investigative Reporters and Editors)	120万ドル (9600万円)
調査報道プログラム (Investigative Reporting Program), カリフォルニア大学バークレー校	100万ドル (8000万円)
シュスター調査報道研究所 (Schuster Institute for Investigative Journalism), ブランダイズ大学	80万ドル (6400万円)
ネイション研究所調査報道基金 (Nation Institute Investigative Fund)	60万ドル (4800万円)
ステイビル調査報道ジャーナリズムセンター (Stabile Center for Investigative Journalism), コロンビア大学	50万ドル (4000万円)
調査報道ニュースネットワーク (Investigative News Network)	40万ドル (3200万円)
合計	2660万ドル (21億2800万円)

出典：調査報道ワークショップおよびCIMA。

▶助成活動を行なう組織

　3番目の非営利モデルは、少額の基金を作る役割で、ジャーナリストが調査報道プロジェクトを行なうために、数百ドルから数千ドル(1万円から数十万円ほど)の範囲の額を分配するNGOである。調査報道ジャーナリストが最初の高いハードルを乗り越えるために効果的な方法は、報道のための十分な時間とお金を彼らに提供することであると知った寄付者によって、この活動は後援されている。比較的小さな額でも、特に発展途上国のジャーナリストに、徹底的な記事を書くのに十分自由な長い期間を使うこと、技能を学び、実践するための貴重な時間を与えることができる。このモデルを採用しているのは以下の団体である。

- 調査報道のための最初の非営利組織であり、ワシントンDCを拠点とする調査報道ジャーナリズム基金は1969年に創設され、少額の基金を作るモデルの先駆となった。Seymour Hershという若いフリーランスジャーナリストは、ベトナムのソンミ村ミライ地区で起きたとみられる大虐殺(ソンミ村虐殺事件)を調査するために、はじめに調査報道ジャーナリズム基金250ドル(2万円)を受け取った。2回目に2000ドル(16万円)を受け取り、彼はその記事を完成させた。これによって、米国の歴史の方向は変わったのである(それに、Hershはピュリッツァー賞を獲得した)[51]。同基金は、30年以上にわたりフリーランス記者、作家、小規模出版社に150万ドル(1億2000万)を拠出し、そのおかげで700本記事と50冊の本を出すことができた[52]。

- SCOOPは、バルカン半島と東欧の12カ国での調査報道プロジェクトのために少額の基金を作ってきた。この組織は、デンマーク調査報道ジャーナリズム協会によって運営され、同国のNGOである国際メディアサポート(International Media Support, IMS)と協力している[53]。2003年の創設以来、SCOOPは100件以上の基金を作ってきた。その基金の多くは、デンマーク外務省が拠出している。国際メディアサポートは西アフリカの類似プロジェクトアフリカ調査報道プログラム(Programme for African Investigative Reporting, PAIR)も支援している[54]。

- 調査報道ジャーナリズムのための欧州基金は2008年に創設され、ヨー

ロッパの調査プロジェクトに基金を出してきた。2011年後半、オープンソサエティ財団が2年間32.4万ユーロ（3240万円）を欧州基金とその姉妹プロジェクトに付与した。この基金はパスカル・デクルース基金のプログラムのひとつで、フランドル地方のジャーナリストへの類似の基金を作っている[55]。

▶ CIMAの調査

2007年、CIMAは26カ国の37の非営利調査報道組織に調査票を送付した。その結果を更新するために、2012年初めの新しい研究では、この分野の専門家へのインタビューと文献・オンラインサイト・会議議事録・寄付者報告書の包括的な調査を行なった。2012年版では、37カ国の90非営利組織を対象として特定した。そのうち米国を拠点とする37組織については、調査報道ニュースネットワークと調査報道ワークショップが収集した最新のデータがすでに存在している[56]。したがって、CIMAは米国以外の53組織に調査票を送付した。

調査によって米国外の16組織が上記とは別に特定されたので、CIMAが追加リサーチを行なった。これで、合計47カ国、106組織となった。

CIMAは以下の条件で対象となる組織を決めた。

1. 公益に基づき運営される非営利あるいは非政府組織。米国法のもとで非営利法人に分類される組織である。
2. その第一の使命が、報道、研修、基金作り、会議、プロフェッショナル協会を通した調査報道ジャーナリズム支援である。
3. 報道組織では、徹底したプロジェクト報道やデータジャーナリズムへの実質的で進行中の関与があること。

さまざまな調査やリサーチに基づく106組織のデータを統合することによって、この種の非営利組織が広く普及していることを示す世界の全体像を描くことができる。3分の1超(37%)が北米で、この39組織のうち37組織が米国を拠点としている。東欧と旧ソ連は25組織で、ほぼ4分の1の拠点となっている。西欧は18組織、ラテンアメリカとカリブ海が11組織、残りのアフ

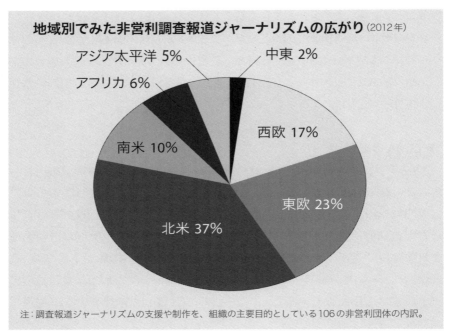

注：調査報道ジャーナリズムの支援や制作を、組織の主要目的としている106の非営利団体の内訳。

リカ、アジア・太平洋、中東・北アフリカで計13組織である。

　前述のように、2012年のCIMA調査は米国外をもっぱら対象としている。その調査に対する答えは、しっかりしたものだった。調査票を送った53の非営利組織のうち、50組織が回答し、94％の回答率であった。ただ、全ての組織が全ての質問に答えたわけではない。

　米国以外の調査対象のうち、報道組織が41で、プロフェッショナル協会およびネットワークが25、助成活動を行なう組織が12という内訳である。これにはいくつかの重複がある。5つの組織はこれらの機能を併せもち、プロフェッショナル協会と基金媒体と報道機関として活動している。この3つの機能を併せもつ組織は、アラブ調査報道記者協会、アフリカ調査報道記者フォーラム、組織犯罪・汚職報道プロジェクトであり、重要な地域的団体だ。

　米国以外の組織の多くが小規模運営で、5分の1は1、2人の、半分以上が5人以下のスタッフである。多額の国際援助基金を受け取っているバルカン諸国調査報道ネットワーク（Balkan Investigative Reporting Network）と組織犯罪・

汚職報道プロジェクト、ハイテク企業に後援されているオーストラリアのグローバルメイル(Global Mail)の3組織は、20人以上の職員を擁している。およそ17%は、現実のオフィスを構えず、バーチャルネットワークとして機能している。

　CIMA調査に回答した50組織のうち、42組織が2011年の予算金額を知らせてくれた。その合計年間予算額はたった860万ドル(6億8800万円)で、ニューヨークのプロパブリカの同年年間予算より少ない。実際、米国の非営利調査報道組織の予算額上位10組織の合計は、およそ2700万ドル(21億6000万円)であり、米国以外の全組織の総額の3倍にあたる。米国の非営利組織は、有利な税法(税免除および寄付者による寄付金への100%の税控除)、国の財産と人口、慈善の強い伝統に恩恵を受けて繁栄してきた。

　他方、米国以外の非営利組織もメディア開発コミュニティからの後援に頼りながら、2007年のCIMA調査よりも明らかに成長した。2007年版では、発展途上や民主化過程にある国々の16組織が予算データを提供し、2006年予算合計はちょうど260万ドル(2億800万円)だった。このデータには、バルカン半島、ブラジル、フィリピンの大きく成功した非営利組織も含まれている。2012年版では、発展途上や過渡期にある国々を拠点としたり、そこに重点的に対応している29組織は、2011年予算の合計を600万ドル(4億8000万円)と報告した。財政規模において2倍以上となっている。

　米国以外の全組織の平均年間予算は16.2万ドル(1296万円)である。たった7団体が総額の半分を占めている。その上位は、ロンドンを拠点とする調査報道ジャーナリズム協会(Bureau of Investigative Journalism)で90万ドル(7200万円)、アンマンを拠点とするアラブ調査報道記者協会で88.6万ドル(7088万円)、ヨハネスブルクを拠点とする調査報道ジャーナリズムM&Gセンターで59万ドル(4720万円)、サラエボを拠点とする組織犯罪・汚職報道プロジェクトで58.6万ドル(4688万円)、ブリュッセルを拠点とするパスカル・デクルース基金で53.5万ドル(4280万円)となっている。

　予算額は各組織の基金獲得状況や運営の予測不能な変化によって、かなり変動することがある。ヨーロッパでは、ブリュッセルにある調査報道ジャーナリズムのための欧州基金と関連プログラムで大きな変動が見られた。オ

ープンソサエティ財団メディアプログラムからの2年にわたる基金のおかげで、2012年には、その予算が10.6万ドル（848万円）から21.7万ドル（1736万円）と2倍になったのである。米国の組織では数百万ドル（数億円）規模の変動があった。たとえば、ワシントンDCを拠点とする「公共の高潔さのためのセンター」は、2010年予算の50％以上がプラスされ、2011年予算は880万ドル（7億400万円）となった。これは、新しい基金の注入とオンラインの日刊新聞になるための不確実なビジネスプランに予備費を支出したことによる。このプランは失敗して、同センターの予算は42％急減し、スタッフが3分の1以上削減された[57]。同じころ、そのライバルであるバークレーの調査報道センターは、助成金と地元の非営利組織ベイ・シチズン（Bay Citizen）との合併によって、予算を2010年の230万ドル（1億8400万円）から2012年には1050万ドル（8億4000万円）までに大幅増額した。

　CIMA調査に予算額を報告した非営利組織の半分以上にあたる22組織は、年間予算10万ドル（800万円）以上である。特に発展途上や過渡期にある国々においては、通常、欧米に比べて給与が低く、この予算額は独立ジャーナリズムを支援するのに大いに役立つ。およそ20％にあたる8団体は、ボランティアか、1人体制で、予算は5000ドル（40万円）以下である。

　彼らに最も重要なニーズの順位を尋ねたところ、プロジェクトを特定した基金に助成された支援金がトップに挙がった。普通の答えだ。その他の優先事項は、重要度順に、データベースへのアクセス、カメラやコンピュータなどの設備、名誉毀損罪や法律からの保護、ウェブやマルチメディアの研修であった。優先度の低いものとしては、事務局支援、ジャーナリズムの研修、セキュリティ技術、身体的保護が挙がった。

　報道に携わる非営利組織は、マルチメディアやマルチプラットフォームの編集室としての役割を果たす傾向にあると調査で判明した。ほとんどの組織が印刷物やオンラインの記事を出し、半分以上がテレビ制作、4分の1がラジオ制作を行なっている。30％以上は本や調査報告書を発行している。彼らが報道する記事類の編集上の優先順位を尋ねた。今回の調査でこれに回答した組織は、2007年調査で回答した組織とだいたい重なっている。2011年の話題トップ5は、汚職、貧困やマイノリティといった社会問題、ビジネ

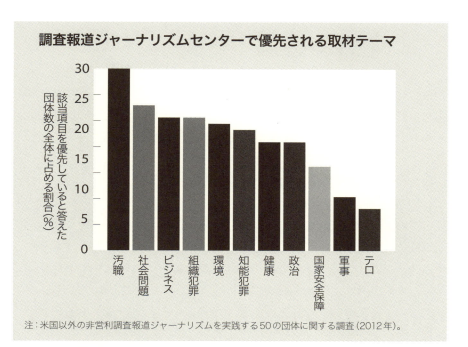

注：米国以外の非営利調査報道ジャーナリズムを実践する50の団体に関する調査（2012年）。

ス、組織犯罪、環境問題であった。

　報道センターの多くは、データジャーナリズムを採用している。表計算ソフトとデータ可視化ソフトウェアは、調査対象の約半分の団体で使われ、およそ4分の1でデータベース管理やデータスクラップ技術を使っている。3分の1以上が記事制作のためにデータベースを作成または集約している。

　彼らの最大の脅威の順位を尋ねたところ、二つのことが最大の関心事として挙がった。回答団体の3分の2以上（71%）が、私人個人による訴訟の提起、ハラスメント、脅しをそれぞれ挙げた。また、半分近く（46%）が政府公人によるハラスメントや脅威を挙げた。17%は刑事告訴を主要な関心事として挙げた。

　調査で浮上したその他の要素は以下のとおりである。

・ほとんどの団体は資金提供者を公開していると答えたが、5分の1以上（21%）は公開していなかった[58]。
・5分の1以上（21%）は倫理規範の指針をもっていない。
・半分以上（55%）は1カ国以上の言語で出版や放送を行なっている。

・ソーシャルメディアは広く採用されている。しかし、7団体（14%）はソーシャルメディアが重要であるとは考えていない。

最後に、さまざまな非営利組織で女性が重要なリーダーシップの役割を果たしていることが分かった。調査報道は「マッチョ」な分野との世評にもかかわらず、38%の団体では女性が幹部として仕事をしている。

非営利ジャーナリズム：グローバルなモデルか？

「公共の高潔さのためのセンター」の創設者であるチャールズ・ルイス (Charles Lewis) によると、調査報道センターの増加は、非営利ジャーナリズムに向かう重要で大きな動向のひとつである。ハーバード大学ケネディ政治スクールのジョアン・ショーレンスタインセンター (Joan Shorenstein Center) に対する重要な2007年報告書で、ルイスは次のように指摘している。伝統的ニュースメディア対し市場の圧力が強まっていることで、公益に直接的に働く非営利メディア部門が成長していく必要性が明確になっている[*1]、ということだ。非営利メディアは、一般に考えられているよりも、すでにずっと普及していることも指摘した。たとえば、AP通信社は世界中の300カ所に3700人のスタッフがいるが、非営利協同組合である。同様に、ナショナル・パブリック・ラジオは現在34局に達し、週に2600万人のリスナーがいる。他の非営利メディアをいくつか挙げる。クリスチャン・サイエンス・モニター (Christian Science Monitor)、セント・ピータースバーグ・タイムス (St. Petersburg Times)、ナショナル・ジオグラフィック (National Geographic)、コンシューマー・レポーツ (Consumer Reports) がある[*2]。

連邦通信委員会による2011年の研究報告書「The Information Needs of Communities（コミュニティの情報ニーズ）」は、非営利ニュースメディアに該当するものを、次のように列挙した。「記者を輩出するジャーナリズムスクール、非営利のウェブサイトを始める問題関心のある市民、低出力のコミュニティFM局、ウィキペディアのページに貢献する全ての人々、州域の政治専門ケーブルチャンネルであるC-SPAN、非営利の設定でオープンソースのコードを書くソフトウェア開発者、パブリックアクセスチャンネル、

基金によって運営されている新聞、宗教放送局、災害場面のニュースをツイートする市民、公共放送局」である。そして、報告書は、「非営利分野は、さまざまな事例で、現存するメディア格差を埋めるためにさらに大きな役割を果たす必要がある[*3]」と結論づけている。

　海外での調査報道ジャーナリズムの拡大とは裏腹に、その誕生の地である米国では長い苦境にある。広告収入がなくなり、取材にあたるスタッフが減らされ、インターネット時代で締め切りまでの時間が短くなった。その結果、調査報道チームの解散、プロジェクトに使える時間の短縮、ベテランの調査報道ジャーナリストの離脱が起き、アメリカの調査報道ジャーナリズムは大きな衝撃を受けた[*4]。重要なニュースメディアの空洞化は、多くの非営利編集室が作られる刺激となった。おそらく、最も有名なのは、調査報道の非営利組織プロパブリカの創設と支援のために、カルフォルニアの富豪夫婦が年1000万ドル(8億円)を出すという2007年の約束だろう。

　調査報道ニュースネットワークは、米国の非営利編集室の拠点と援助の場として2009年に創設された。2012年時点で70以上の会員組織をもつ。大手のナショナル・パブリック・ラジオから少年司法や教育に関するウェブサイトや調査報道よりもたいていは地域のニュースに注力している街のニュースサイトまでさまざまである[*5]。

　アメリカン大学の調査報道ワークショップは、米国にある75の非営利ニュース組織を特定して「ニュージャーナリズムエコシステム」と呼ばれる二つの研究調査を行なった。2012年に発表された最新研究では、非営利ニュース組織は年間運営予算1億3500万ドル(108億円)と1300人のフルタイムスタッフに増大していると見積もった。この約半分のスタッフと3分の1の予算は、たった一つの出版社コンシューマー・レポーツが占める。その年間予算は4300万ドル(34億4000万円)で、600人のフルタイムスタッフがいる。およそ3000万ドル(24億円)以上を3団体、クリスチャン・サイエンス・モニターの新聞と現在はもっぱらオンライン(1000万ドル(8億円))、マザー・ジョーンズ(Mother Jones)の雑誌(930万ドル(7億4400万円))、プロパブリカ(1000万ドル(8億円))が占めている。

　アメリカン大学のJラボ(J-Lab)による統計でも印象的な数字が判明した。

279基金団体が2005年以降、米国のニュースや情報のプロジェクトに2億4700万ドル(197億6000万円)以上を使ったということだ。この数字には、公共放送に毎年寄付される相当な額の基金は含まれていない[*6]。

米国の非営利モデルは他の国々にどれほど適用できるだろうか？ 米国法のもとでは、非営利法人はいくつかの有利な点があり、寄付者は税の満額控除を受けることができ、組織が受け取った収入は非課税である(従業員の給料は課税されるが)。このような大きな経済的動機は、多くの国々では存在しない。米国における非営利部門の成長は、慈善の強い伝統と支援を願う巨大な国内市場からも恩恵を受けている。しかし、このモデルは米国だけのものではない。英国の最も有名な日刊新聞のひとつ、ガーディアンは「ガーディアンの新聞の自由と自由主義の価値を守るため[*7]」に1936年に結成されたスコットトラスト(Scott Trust)の所有である。

世界中では、非営利モデル以外にも、他の形態の公的助成がメディアを支援している。そのなかには、印刷メディアの郵便料金割引、放送免許の割引、政府提供広告、直接助成がある。多くの国々、特に西欧では、議会が定めた割当額や免許料金を通して、納税者がニュースメディアに対し相応の支援をしている。米国では、メディアへの寄付が多額であることで、生活費が比較的低い人々が払う公共放送の分担額が大きく軽減されている。米国で公共放送に支払う額は、一人当たり年4ドル(320円)以下である。カナダの30ドル(2400円)、英国の91ドル(7280円)、ドイツの131ドル(10480円)と比較して、非常に少額である[*8]。

[*1] ― Charles Lewis, The Growing Importance of Nonprofit Journalism, The Joan Shorenstein Center on the Press, Politics and Public Policy, Harvard University, 2007。および、Charles Lewis, "The Nonprofit Road," Columbia Journalism Review, Sept-Oct, 2007を参照。

[*2] ― Lewis, The Growing Importance of Nonprofit Journalism, 6.

[*3] ― The Information Needs of Communities: The changing media landscape in a broadband age, Steven Waldman, Federal Communications Commission, July 2011, (http://www.fcc.gov/info-needs-communities)

[*4] ― Chelsea Ide and Kanupriya Vashisht, "Today's Investigative Reporters Lack Resources," The Arizona Republic, May 28, 2006, (http://www.azcentral.com/specials/special01/0528bolles-stateofreporting.html)

[*5] ― 調査報道ニュースネットワークという名前だが、メンバーの半分近くは、調査報道のプロ

ジェクトや徹底的なジャーナリズムに焦点を当てているというわけではないようだ。以下のサイトを参照。Investigative News Network, (http://www.investigativenewsnetwork.org/members)

*6 — "New Media Makers," J-Lab, (http://www.kcnn.org/toolkit/funding_database)

*7 — "The Scott Trust," Guardian Media Group, (http://www.gmgplc.co.uk/the-scott-trust) 他国については、以下を参照。"Visionaries sustain journalistic values with trusts," Investigative Reporting Workshop, October 1, 2010, (http://investigativereportingworkshop.org/blogs/shop-notes/posts/2010/oct/01/charitable-and-trust-ownership-news)

*8 — Public Media and Political Independence: Lessons for the Future of Journalism from Around the World, Rodney Benson and Matthew Powers, Free Press, 2011, (http://www.freepress.net/sites/default/files/stn-legacy/ public-media-and-political-independence.pdf), p.61.

8　持続可能なモデル

　調査報道ジャーナリズムの非営利組織を創設するトレンドが落ち目になることはないだろう。新しい報道センターや基金は、ベルギー、インド、オランダ、ノルウェー、ザンビアで計画されたり、真剣に考慮されている。人気は高まっている。しかし、非営利はいつでもどこでも適切なモデルとはいえない。ブルガリア、メキシコ、ティモールなどいくつかのセンターは、休止状態である。彼らの失敗の理由はさまざまで、基金の不足、基金集めをしていないこと、運営の問題、小規模または競争がない市場、編集基準が不十分なものであることなどである。ジョージアの首都トビリシにおける革新的なプログラムは、国際調査報道ジャーナリスト連合とユーラシア基金（Eurasia Foundation）によって運営され、コーカサス調査報道センター（Caucasus Investigative Reporting Center）を創設し、2005年から06年の間に20人以上の記者に調査報道の技法を教えた。最初の基金は、米国務省と英国政府の世界紛争予防に関する資金供与システム（Global Conflict Prevention Pool）と調査報道ジャーナリスト連合のナイトプログラムから寄せられた。プログラムは成功したけれども、支援が不足してきて、センターは「開店休業状態」となってしまった、とプログラムの前ディレクターJody McPhillipsは言う[59]。同じようなプログラムが行ったり来たりして、基金が底をつくと中止となってしまうのである。

　コロンビア大学のシェイラ・コロネルは、調査報道の文化をある国のニュースメディアに徐々に教え込むというトップダウン方式のプログラムには慎重である。「地元のジャーナリストがよろこんで実現するようでなければならない」、「地元のことを取り入れる必要がある。あなたの記事が公表されるか、あなたが法律を避けて舵を取れるか、保障はないのだ。純粋なかかわりが必要で、ワシントンのプログラムは使えない」と彼女は言う。パキスタンやバングラデシュのような国々には、ターゲットを決めた基金やメンターシップのプログラムのような、より効果的な戦略が理解しやすいニュースの表出に直接結び付くかもしれない。「それは、場所によっては機能しないだろう」、「でも、興味を持ち啓発された編集者や出版人が一人でもいる新聞では、その中の一部分として機能するかもしれない」とコロネルは付け加えた。

国連開発計画の人間開発報告書事務局のWillian Ormeも、特に基本的なジャーナリズムのスキルがなく、法的環境が厄介な場所では、モデルの適用はできないと警告する。Ormeは調査報道のための一層の支援を求めるが、条件が整っていなければならないと言う。アフリカのある場所では「完全に異なる力学がある」、「刑事の文書誹毀罪の条文が効力をもっている国では、調査報道はできない」と彼は警告する。

　多くの場所では報道センターは現実的とはいえない。フィリピンのセンターは多くの人にモデルと目されて四半世紀期近く継続してきた。それは、法環境が改革されたこと、活気と競争的があるプレス、市民の支持、高い規範、強いリーダーシップ、少額でも重要な基金などさまざまな要素のおかげである。(コラム：マックレーキング(汚職を暴く)モデル、137頁参照)。

　別の方法として、寄付者と地元ジャーナリストは、調査報道のための基金モデルを考えるべきだ。これは、きちんと人員を充てた報道センターに比べてすべてが揃ったものではない。しかし、補助金を提供したり、プロジェクト規模の調査報道記事を展開させるために編集者や記者に基金をマッチングすることによって、地元メディアの資源にテコ入れすることができる。CIMAが調査したうち、18のセンターは調査報道プロジェクトを行なう外部の記者のための補助金を作っている。これは、広めることができる。開かれた政府のための団体のような特定の主義に偏らないNGOが拠点になれるだろう。この挑戦は、高い編集基準を確かなものにしていく。期待できるプロジェクトや記者に助成金を単純に分け与えるだけでは不十分だ、とベテランの調査報道ジャーナリストは言う。基金は、世界基準をもつプロフェッショナルの編集者がコーチやメンターとして働くため、そして、ストーリーの発端から記事の公表や放送まで記者をフォローするために、分配されるべきだ。

　どんなモデルであっても、基金は非営利組織の成功にとって相変わらず決定的である。非営利組織は寄付者に大きく依存しており、84%が補助金や寄付を収入の主な財源として挙げ、記事料金と会費と会議参加費がそれぞれ11%、教育や研修が9%と続く。最善の運営をしている最も企業化されたセンターでも、他のNGOと同じように、予算半分以上の基金を集めなけ

ればならない。たとえば、ボスニアのセンターの初期の成功の鍵は、合衆国国際開発庁による2004年から3年間にわたる180万ドル（1億4400万円）の補助金であった。フィリピンのセンターは、フォード財団から同センターの年間予算の30%に当たる基金を付与された。彼らにとって、どのような種類の助けが最も重要か、順位を聞いた。そのトップには、さまざまなセンターが政府系基金と民間基金を挙げ、法的・身体的保護、研修、設備のような優先課題よりずっと重要と考えられている。

　センターが急速に成長したので、それらがどれほど持続可能なのか、寄付者たちにとってはっきりとした疑問が出てきた。使える基金の額は多くないし、新しい寄付者は効果的といえるほど現れていない。一方で、団体の数は増加し、その多くは国際的援助機関やオープンソサエティ財団からの基金に過度に依存しているようだ。CIMAの調査では、回答団体の半分以上(53%)が現在、持続可能な計画を有すると答えた。多くの非営利団体は、実際のところ持続不可能である。それは、寄付者が、興味を失ったり、助成活動を縮小せざるをえない状況にあるからだ、と観測する人もいる。たとえば、西洋の政府への予算削減のプレッシャーが国際的な助成に影響しているのかもしれない。他方、民間の資金提供は続いているけれども、財団の資産運用構成の中に収益はほとんどない状態だ。

　非営利組織運営の専門家が言うには、その解決策は収入源の多様化と寄付者となる人々を多くすることである。この策は新しくない。調査報道センターは、その初期の1980年代後半、CBSの番組60 Minutesと契約し、サンフランシスコのNBC Newsと提携していた。また、パブリック・ブロードキャスティング・システム (Public Broadcasting System) のフロントラインシリーズでドキュメンタリーを共同制作するために、プロダクションのスタジオを建てた。さらに、外国のニュースメディアのために日割りの仕事をし、新聞や雑誌の記事で報酬を得ることもした。1989年まで、150万ドル（1億2000万円）の予算の40%を商業的な報酬で稼ぎ出していた[60]。

　こうした企業的アプローチは、米国の非営利組織ですぐに心が移ってしまい、寄付者らが興味をもつのも失うのも速い。ミネソタポスト (MinnPost)、テキサストリビューン (Texas Tribune)、ボイス・オブ・サンディエゴ (Voice of San Diego)は、多様化する収益の流れを奪い合っている。このことの積極的な結果は、海外の似た組織にとって教訓になることだ。収入の手段には、個々の寄付者、商業メディアの報酬、会費、オンラインでのクラウドファンディング、大学との提携、イベントや募金興業、データベース販売、ニュースレター配信、研修や教育がある。運営の企業化のために、選択できる方法の全てのメニューを示す。

より良い基金収集：米国の大規模な非営利組織で働くような開発のプロフェッショナルを雇う余裕のある団体はほとんどない。それどころか、発展途上にある地方基金の財源は、多くの障害に直面している。慈善の伝統や寄付への経済的動機がないことや、報道に影響を与えるような強力な政治的経済的利権に攻撃されることである。多くの団体は、基金集めにあまり熟達していないようで、寄付者の底辺を広げ、多様化するためにもっと何かできるはずだ。政府・民間双方の潜在的寄付者についてさらにリサーチすることは、重要策のひとつだ。多くの団体は、彼らのウェブサイトやメーリングリストに「寄付」ボタンすら作っていない。寄付を募るアピールができていない。ラテンアメリカでは、いくつかの非営利組織が地方の独立した後援者を見つけるのに成功している。他方、東欧の団体は、国外在住のコミュニティを支援に利用してきた。CIMAの調査では、回答団体の多くが挙げた主要な基金源は、順に、民間基金財団、EUとその加盟国政府、米国政府、民間個人であった。個人の寄付者を重要な収入源として挙げたのは、たった26%であり、ここは伸びしろがあるだろう。

商業メディアの報酬：非営利組織の多くは、記事を無料にしている。それは、彼らの報道が論争的な性質をもっていることと、影響力を最大化しようとする寄付者からのプレッシャーへの対応策である。しかし、ニュースメディアから得る商業的報酬は、非営利組織の予算に実質的に貢献することができる。テレビニュース番組は、特に良い額を出し、広く視聴される傾向にある。外国メディアとの契約仕事も利益になるだろう。客員の記者、資料・下調べ・報道の補助の日割り仕事をする部隊を立ち上げることを考えている組織もある。

研修と教育：ジャーナリストや学生に調査報道の技法を教えることは、重要な収入源となる。CIMAの調査では、84%がすでに研修を行なっていると回答した。大学と提携すると、教えることで得る報酬のほか、オフィススペースを使えたり、学生が安価や無料で労働力を提供してくれる。制度的な保護も助けとなる。この調査で、27%の組織が大学と提携していると分かった。

会費とニュースレター：適切な額の会費を受け取ることで、必要な収入が得られる。会員は、スタッフからの定期的なニュースレターやブリーフィング、主要記事の早めのお知らせを受け取ることができる。購読料を払った人だけの「内部」のニュースレターを書くことで、興味をもった顧客にプレミアム料金を提案し、必要な基金を作り出すこともできるだろう。

イベントと募金興業：パブリックフォーラムや有名なスピーカーによる講演などの定期的なイベントを開催し、その組織にとっての募金興業としている非営利組織もある。

クラウドファンディング：KickstarterやIndiegogoのようなクラウドファンディングサイトでは、進取の気性に富んだ団体がオンラインで資金集めをできるようになっている。こうしたやり方は、ただただ増えるのみであろうと予想される。ソーシャルメディアを使い、抜け目ない広告を打ち、重要で魅力的なプロジェクトを提供することで、メディアのプロフェッショナルは、こうしたサイトで大きな額を稼ぎ出してきた。

オープンデータではなぜ不十分か？

ジャーナリストとハッカーの出会い。開かれた政府の進取的精神をもったハッカソン［訳注：ハックとマラソンを組み合わせた造語。プログラマーなどが技術やアイデアを競う開発イベント］とデータフェスト［訳注：データとフェスティバルを組み合わせた造語。データ解析のイベント］。

　メディア開発の世界は、すでにビッグデータと出会い、おおいに喜んでそれを採用している。インターニュースは、ハックフェスを後援している。一方、国際ジャーナリストセンターは、そのナイト国際ジャーナリズム特別研究員制度を「モバイルサービス、データマイニング、ストーリーテリ

ング、ソーシャルメディア」に重点を置く技術助成に変えた。ナイトやオミディア財団の基金は、メディアが悩んでいることの技術的解決策にもっぱら焦点を当てている。ある有力な寄付者が非営利編集室の幹部に「我々はもうコンテンツには基金を出さない」と語った。

デジタル技術は何でもできるという熱狂者の感覚は高まっている。情報・コミュニケーション革命が、人々がどのように情報を集め消費するかを根本的に変えたので、深層の調査や取材はもはや必要ない、というのだ。「ジャーナリズムそれ自体、時代遅れだ」、「我々は今や情報源から直接聞き、自分のニュースネットワークを構築できる[*1]」と有名なソフトウェア開発者でブロガーのDave Winerは書いている。オープンデータ、シチズンジャーナリズム、クラウドソーシングへ向かう信念は、汚職を行なう者や権力者に、ある種のハイテクなアカウンタビリティを強いる。ベテランの調査報道ジャーナリストらは、デジタルツールやコンピュータ分析を最初に採用した人々だ。彼らは、それを使ったことで真実からさらに遠ざかることはない、と信じている。

調査報道ジャーナリストは、技術恐怖症者の集団ではない。「調査報道ジャーナリズムは、ジャーナリズムの職業集団の中でリサーチや開発部門として機能する」とBrant Houstonは記した。彼の著書『Computer-Assisted Reporting（コンピュータ支援による報道）』は、ジャーナリスト２世代を訓練するのに役立った[*2]。彼は、「最近の開かれた政府運動よりずっと前から、調査報道ジャーナリストはデータ分析や可視化をジャーナリズムに取り入れた。彼らは、これらの新しい技術をどうしたら最も効率的に利用できるかを証明する記者でもある[*3]」とも指摘した。

しかし、Houstonたちは、取材報道を犠牲にして表計算やコードライティングにだけ集中するプログラムには不安を感じる。世界中にデータが激的に増えたことは、調査報道をする記者にとっては、思いがけず手に入ったことであり、クラウドソーシングのような技術は役に立つだろう。しかし、それだけでは彼らが要求する質の探偵仕事のようなことはできない。調査報道記者の核心技術は、熟達した検察官、刑事、文化人類学者、在野の研究者のものに似ていて、最も重要な情報源を使うこと、証拠の整理、直

接目撃者のインタビュー、人・文書・金の痕跡を追跡することである。

　これらの技術は100年以上も前の汚職を暴く偉大な者の時代から大きく変わってはいない。Nellie Blyは、1887年、有名な『Ten days in Madhouse（精神病院での10日間）』でニューヨークの精神病院の古めかしい状態を暴いたが、彼女がデジタル技術に助けられたとしても、その秘密裡の探査は今日と変わらなかっただろう。実際に、彼女の暴露は、2009年、ガーナ人ジャーナリストAnas Aremeyaw Anasによって、まさに繰り返された。首都アクラの精神病院に潜入し、常軌を逸した状態を明らかにしたのである[*4]。

　2010年から2012年の調査報道でピュリッツァー賞を獲得した作品を見てみると、250以上のモスクでニューヨーク警察署が行なったスパイによる秘密捜査に関するAP通信社の10部シリーズ、ペーパー企業を通じた70以上の会社所有を追跡し、フロリダ州における資産保護手段の脆弱さを暴いたサラソタのヘラルド・トリビューン（Herald-Tribune）による1年間の探査、貧困地域の怯えた被害者への対面インタビュー取材で怠惰な警察の麻薬捜査班を暴いたフィラデルフィア・デイリー・ニュース（Philadelphia Daily News）の調査報道がある[*5]。

　オープンデータやスマートテクノロジーのアプリケーションは、この種の探査を確かに補助するだろうが、上記のプロジェクトが行なった街の情報を掘り下げること、個人インタビュー、探偵のような仕事のようなものの代わりにはならない。

　「データへのアクセスが増えれば、これまで以上に、異質な情報を理解する必要が出てくる」とサラエボを拠点とする組織犯罪・汚職報道プロジェクトのエグゼクティブディレクターであるPaul Raduが記した。彼のサイトInvestigative Dashboardは、世界のビジネス登録データベースへのデジタルディレクトリかつポータルで、同僚から称賛され、グーグルから後援を得ることができた。しかし、彼は、街を歩き回ってする探査に魔法の弾丸で技術が結合されたのだ、と強調する。「それは、ローカルとグローバルな情報が混ざり合い、地元での靴をすり減らす取材とデータベースを飛び越えることの組み合わせだ。長期的にみれば、違いが出てくるだろう[*6]」と語った。

Giannina Segniniも同意する。彼女は、コスタリカのLa Nacionに属すデータジャーナリストの先駆者である。彼女のチームのデータで力を得た警察の汚職に関する記事は賞を獲得し、ラテンアメリカでその実践導入を助けてきた。「データジャーナリズムは、より良くストーリーを語るための道具で、記者たちに力を与えた。しかしそれは、ジャーナリズムの最善の実践に取って代わるものではなく、ましてや街での取材を捨てることではない」、「深く厳しい分析やひとつひとつの記録の評価をすることなくデータを収集するのは、ジャーナリズムではない。ツールや技術的スキルが、調査報道の手法を用いたジャーナリズムの重要なプロセスに取って代わることは、決してない[7]」と彼女は警告した。

*1—"Arrington is the future of what we used to call journalism," Scripting News, Dave Winer, (http://scripting.com/stories/2011/09/02/mikeArringtonIsTheFutureOf.html)
*2—Computer-Assisted Reporting: A Practical Guide, Brant Houston, Bedford/St. Martin's, 2003.
*3—Brant HoustonとのEメールのやり取り（2012年12月5日）より。
*4—Anasについては以下を参照。"Smuggler, Forger, Writer, Spy," The Atlantic, November 2010, (http://www.theatlantic.com/magazine/archive/2010/11/smuggler-forger-writer-spy/308267/#)
*5—"The Pulitzer Prizes: Past winners & finalists by category," (http://www.pulitzer.org/bycat)
*6—Paul RaduとのEメールのやり取り（2012年12月9日）より。Investigative Dashboardについては以下を参照。(http://www.investigativedashboard.org)
*7—Giannina SegniniとのEメールのやり取り（2012年12月10日）より。

9　ジャーナリズムスクールの役割

　ジャーナリズム教育における調査報道演習の存在感を測定することは、極めて難しい。ジャーナリズム教育に関する国際調査によると、世界中に2300のプログラムがあるというが、その中のどれ程が調査報道演習を実施しているかは不明である[61]。米国以外の国で教えられている調査報道ジャーナリズム課程のいくつかでは、ひたすら理論を座学しているために、事情がわかりにくくなっている。そういった講座の内容は、昨今のジャーナリズム課程で現役の調査報道記者たちが行なっている実践的な演習とはかけ離れたものだ。大学や民間のメディアグループの中には、米国以外の個々の大学で、研修内容を現代に即して向上させているものもある。

　国際ジャーナリストセンターは、ジョージア（外名グルジア）の首都トビリシにあるコーカサス・スクール・オブ・ジャーナリズムで開講されている調査報道に焦点をあてた講座に、米国式のプログラムを導入した。同センターの職員は、中国の一流大学である精華大学でも、国際ビジネス・ジャーナリズム・プログラムの一環で開講されている本格的な調査報道演習のクラスで協力している。国際調査交流会議も、中東のいくつかの大学で、同様の共同プログラムを展開している。これらの大学では、調査報道の手法を用いた現代に即したジャーナリズムのカリキュラムを開発中である。

　米国の大学ジャーナリズムスクールで学ぶ数多くの外国籍の学生たちには、変革を起こすなにがしかの力があることだけは間違いない。何人かの学生たちは、調査報道のやり方を大学で学び、祖国に戻ってそれを実践し、変革をもたらしてきた。たとえば、コロンビア大学大学院ジャーナリズムスクールを2010年に修了したMar Cabraは、祖国スペインに帰国後、マドリードにあるレイ・ジュアン・カルロス（Rey Juan Carlos）大学で、スペイン初の調査＆データジャーナリズム修士課程を共同で創設した[62]。ハーバード大学のニーマン奨学生や、スタンフォード大学のナイト奨学生、フルブライトのさまざまな奨学生、その他も含め、米国で開設されている多様な奨学制度も、実質的に貢献してきている。国際調査報道ジャーナリスト連合は1997年に創設され、最先端を切り開いている記者たちの国際ネットワークを作ろうとし

てきた。そういった人々は、ナイト奨学生やニーマン奨学生の校友会を足掛かりにしてきている。

　大学やその他の機関ではサマースクールも運営しており、さまざまな国の幅広い学生たちを魅了してきた。2012年に米国と欧州で以下のような五つの調査報道ジャーナリズムの講座を開講した。すなわち、ロンドンシティー大学の調査報道ジャーナリズムセンター、ニューヨーク市にあるコロンビア大学ジャーナリズムスクール、ラトビアの首都リガにあるストックホルム経済大学院リガ・メディアスタディーズセンター、マケドニアのモロボにあるバルカン諸国調査報道ネットワーク、米国ボストン大学にある調査報道ニューイングランドセンターである。

　ユネスコはこの分野で重要な貢献をしてきた。初めに、2007年には、民主主義の発展途上、あるいは、萌芽期にある国々のジャーナリズム教育者向けに、150頁の手引き書「Model Curricula for Journalism Education（ジャーナリズム教育のモデルカリキュラム）」を作成した[63]。この手引書は、本格的な調査報道の実技を学ぶクラスの重要性を強調するとともに、フィリピン大学のYvonne Chua教授（前フィリピン調査報道ジャーナリズムセンター教育部長）によるこの科目の詳細なコースプランが含まれている。この手引書は、アラビア語、中国語、ペルシャ語、ロシア語など、計9カ国語に翻訳された。ユネスコは2009年に「Story-based Inquiry」という調査報道の手法を用いたジャーナリズムのマニュアルを発行した［訳注：本書の姉妹書で2016年に旬報社から刊行された『調査報道実践マニュアル——仮説・検証、ストーリーによる構成法』が、この本の翻訳本である］。内容は、アラブ調査報道記者協会と協同で作成されている。このマニュアルは、事例集の書籍に収録されて国際版として改定された[64]。

　この他の手引書の類も世界中で出版されて、記者養成機関や大学などで使われてきた。調査報道記者編集者協会が作成した「Authoritative Investigative Reporter's Handbook（公認　調査報道の手引き）」[65]は海外で幅広く利用されてきた［訳注：同協会のホームページで第5版が販売されている］。国際ジャーナリストセンターが作成した「10 Steps to Investigative Reporting（調査報道のための10段階）」は複数の言語に翻訳されている[66]。難問が山積している地域に特化した手引書もある。バルカン諸国調査報道ネットワークが出版した「Digging

Deeper: A Guide for Investigative Journalists in the Balkans（より深く掘り下げる：バルカン半島における調査報道ジャーナリストのための手引き）」や、コンラード・アデナウアー財団がアフリカ調査報道記者フォーラムやウィッツ大学と協同して出版した「Investigative Journalism Manual（調査報道ジャーナリズム・マニュアル）」などがそれにあたる[67]。

10　基準と質

　調査報道の国際的な広がりの速やかさとともに、その基準や質を強調することがかつてないほど重要になっている。民主化された先進諸国で高く評価されている調査報道記者たちでさえ、しばしば記事に情報源がなく、読者や視聴者に情報をどこから入手したのかを示す努力をほとんどしていないものがある。いくつかの国において、調査報道ジャーナリスト(Investigative Journalist)という言葉は、広く乱用されている。裏付けのないまま断定で埋めつくされた単一情報源のスキャンダルな記事を作っておきながら、言葉の威信に惹きつけられて、調査報道ジャーナリストと自称している番記者などがこれにあたる。

　もっと悪いのは、調査報道ジャーナリストという言葉が、記者を装う恐喝屋に自称されてきたことだ。そういった輩は個人や企業の汚点を掘り当て、金を払わないと書くぞ、と脅す。2012年、インドのメディアにとって注意喚起されることがあった。2人のテレビジャーナリストが告訴されたのである。企業内調査を公表する代わりに、鉄鋼企業の会長から数百万ドル（注：当時のレートで100万ドルが8000万円相当）をゆすり取ろうとしたというものだった。インド情報省はデリーで新聞業界に対し、「インドのメディア業界において、有料ニュースや収入源が、真摯な取材活動に取って代わられてしまっている」と批判した[68]。

　この他でも調査報道ジャーナリズムの技法が、政治的な成功をもたらすためや、政治権力者や組織犯罪に利するために使われている。そのような不正使用は、糾弾ジャーナリズム(the journalism of denunciation)、南米ではdenuncismo、旧ソビエト連邦ではkompromatという言葉で呼ばれているものである。ルーマニア調査報道ジャーナリズムセンターの創設理由を創設者やその関係者にたずねた。ポール・ラデュウ(Paul Radu)は、ルーマニアでもジャーナリズム状況において類似した問題があったと記している。「調査記事の多くは、ゆすり、たかり広告、委託された記事、あるいは、いくつかの公式文書の単なる再編集版に利用されただけ」と、ラデュウは熟練の調査報道ジャーナリストであるチャールス・ルイスに語った[69]。

高い基準設定は、メディアの専門職能化と、人々への影響を前向きなものにするためにも、決定的に重要である。「もし少しも基準を持ち合わせてなければ、明瞭さ、正確さ、公平さ、読者に対しての親身さ、ニュース価値、といったものに対する影響力を持つつもりがないということだ」と、サラエボに拠点のある組織犯罪・汚職報道プロジェクトのサリバンは指摘する。「良い調査報道と調査報道記者は、勇気ある仕事をなしている。しかし不幸なことに、調査報道はこの世の中で、大概のところはこのような最小限の基準すら不十分なことがとても多い」。

　倫理面での課題も主要な問題のひとつである。隠し撮りや身分詐称、情報提供に対する資金供与などの過剰な乱用はいずれも腹立たしい問題で、撲滅せねばならない、とベテランの教育者たちはいう。このような倫理的かつ専門職能的欠点は、調査報道のみならず、すべてのニュースメディアに影響を及ぼすことから、ジャーナリズム教育の基礎の一部に組み込まれる必要がある[70]。

　調査報道の研修プログラムと高い基準をもっている非営利センターの存在は、基準を確立する手助けとなりうる。他のニュースメディアは、こういった基準での測定に否定的である。外部の監査は、経験豊かな調査報道を実践できる編集者によってなされることが望ましい。これは、取材演習のプログラムが専門職レベルで展開されていることを保証する手助けとなる。さらに、倫理教育を調査報道の研修プログラムに組み入れることも、そういった手助けになる。良い効果をもたらすための手段としてはこの他に、競争的な賞の提供がある。報奨金を伴う賞の提供は、もっとも優れ、もっとも責任のある仕事に光をあて報奨するし、調査報道の地位と人気を生み出す一助となる。このような賞は、インドネシア、南アフリカ、ウクライナ、その他の民間企業によって提供されてきた。

ブラジル調査報道ジャーナリズム協会（ABRAJI）：成功例

　ブラジルでのことである。ますます洗練された調査報道を実践している記者たちにとって、絶好のタイミングだった。きっかけさえあればよかった。2002年に起きた凄惨なティム・ロペス（Tim Lopes）殺人事件が、ま

さにきっかけとなった。ロペスは、恐れ知らずのTV Globoの取材記者で、リオデジャネイロの貧民街ファヴェーラへ、麻薬ギャングと児童買春をドキュメントするために潜入していた。ロペス殺人事件がきっかけとなって、ブラジルの取材記者たちは、ブラジル調査報道ジャーナリズム協会 (Associação Brasileira de Jornalismo Investigativo, 英語名the Brazilian Association of Investigative Journalism, ABRAJI) を組織した。米国テキサス大学オースティン校にあるナイト財団米国ジャーナリズムセンター (the Knight Center for Journalism in the Americas) が支援に回り、ABRAJIは、ブラジル中で記者たちが意見交換できるように、シンプルなメーリングリストを開設した。特にブラジルのような広い土地では、インターネットは始まりにおいて重要な役割を果たした、と創設メンバーのフェルナンド・ロドリゲス (Fernando Rodrigues) は振り返る。彼は受賞歴のある日刊紙Folha de S. Paulの記者で、「我々は毎日お互いに話すことができた[*1]」という。

　前述の米国ジャーナリズムセンターと米国に本拠地のある調査報道記者編集者協会の助けを得て、ABRAJIは一連の会議と会合を企画し、世界でもっとも大規模かつ活発な調査報道ジャーナリスト集団へと急速に成長した。会員は3000人になった。ABRAJIのワークショップや会合は、組織犯罪や汚職の取材、自己防衛法、コンピュータを駆使した取材法などを5000人以上のジャーナリストに伝授した。800人が年次総会に参加し、その半分は学生たちだった。メーリングリストには2000人余が参加している。ABRAJIは、18団体と協働しており、その中には国家情報自由法の施行を成功させた弁護士や判事の団体も含まれている。

　ロドリゲスは、いくつかの側面でABRAJIの成功に貢献した。第一に、常に情熱的で継続的な奉仕によってこの団体に明かりを灯し続けた。第二に、ブラジルは大規模で洗練されたメディア界があり、そのニュース運営者たちは、記者の専門教育の必要性を理解していた。そのために、ABRAJIを最初から歓迎していた。「改革は周縁の動きからではなく、ニュースメディア全体から起こった」と彼は言う。「この動きは、ラジオ、テレビ、新聞を含むすべてのジャーナリズム、すべてのブラジルの人々を惹きつけた。このことが大いに理念を正当化するのに役立った[*2]」。

*1― ABRAJIの事務局長フェルナンド・ロドリゲス氏への著者によるインタビュー(2007年10月17日)。
*2― ABRAJIについてはさらに、以下を参照。 Marcelo Soares, "Tim Lopes's Murder Sows a Seed," Global Journalist, 3rd Quarter, 2003; Knight Center for Journalism in the Americas, "Brazilians Create New Organization," December 18, 2002, http://knight center.utexas.edu/knightcenternews_article.php?page=160; also see ABRAJI's Web site, http://www.abraji.org.br (in Portuguese).

11 観察と評価

　調査報道ジャーナリズム研修プログラムの効果測定には独特の難しさがある。より広範なジャーナリスト養成課程は、入学者数やそこで作成された記事の量などで測定できる。ジャーナリズムスクールは、主要メディアに就職した卒業生の人数を自慢する。内容分析は、汚職や犯罪といった特定のテーマ取材にとって有効である。しかし、この方法は本格的な調査報道の記事に対しては適切でない。フィリピン調査報道ジャーナリズムセンターによるエストラーダ大統領の汚職問題で、解任に関する記事は8カ月かけてたった3本だった。しかしその影響は、政府とメディア双方にとって、非常に大きかったのである。

　汚職問題を追う記者たちは、彼らの国がより確かな民主主義に近づくために、警察や検察、裁判所に良い仕事をするよう促す。記者たちは、徹底的な調査を回避したい権力者に対抗する支援を提供することで、公的な反汚職機関の仕事も普及させていく。記者たちが公的記録を点検し疑問を呈するだけでも、指導者たちの監視となる。これらの方法の多くは、汚職や言論の自由を取り上げるときの測定値となって表れることはないものである。

　これらの挑戦において、寄付者は、良き助言者や手本や卓越のための磁場を作ることで、編集室の文化の変革に出資しているのである。しかし、こういったことは種まきの時期には十分に測定できないのである。どうやって、ウッドワードやバーンスタインが生まれたのだろうか？　前世界銀行の訓練指導者であるRoderick Macdonellは「それは、ジャーナリズムスクールがどれだけ社会に影響を与えてきたかを尋ねるのによく似ている[71]」という。

　他にも困難がある。ニュース企業全体への調査報道の影響力を図ることである。調査の訓練において用いられている公的記録、データジャーナリズム、その他の技術の利用は、ニュース編集室で広く用いられている。「時々、あなたはこれらの技術を、調査やジャーナリズムのためではなく、解説のために使っている」と、調査報道記者編集者協会の前事務局長であるBrant Houstonは述べている。「人口動態、環境、犯罪などについて、優れた調査の技術が生み出すことができる別の記事群がある」。

調査報道の研修プログラムを評価する一つの方法は、記事ごとの影響を測定することだとして、ベテランの編集者は次のように述べている。たとえば、このことはフィリピン調査報道ジャーナリズムセンターによるエストラーダ元大統領の調査報道に関する事例でもっとも劇的に示されている。このプロジェクトの記事は変革をもたらしただろうか。政策と実践が改善され、役人たちは説明責任を果たしただろうか。彼らは一般の人々の注目を集め、賞を受け称賛されただろうか。

　調査報道のための環境が改善されたかどうかを測る試みとしては、他の方法がある。国際ジャーナリストセンターの副会長であるPatrick Butlerは、次のように尋ねる。「あなたの仕事を売る市場があるか？」「メディアの所有者や上司は協力的か？」[72]。編集者やニュース担当部長たちへの、調査報道のための研修プログラムが与える影響が鍵になると、Houstonも同意する。「あなたは、あなたが望むように記者を訓練することができる」、「しかし、もし編集者が乗り気でなければ、運を天に任せるしかない」と彼は言う。

12　知見と推奨

　社会の自由度がもっとも高く一番良い時代でさえ、調査報道の手法を用いたジャーナリズムは、危険で金がかかり、論争の的となる。発展途上で民主化される過程の国々に対する調査報道の実践は広がっているが、そのことによってさらに手ごわい挑戦に直面することにすらなる。すなわち、弾圧的な政権や犯罪としての誹謗中傷法、汚職にまみれたメディア所有者、時折見舞われる専門職基準の欠落、経営収入面、公情報へのアクセス、といった問題が立ちはだかる。

　メディアが発達してくると、調査報道に少し投資されるようになる。変革にはほど遠いにもかかわらず、調査報道は、メディア開発資金全体のごくごく少数に過ぎないけれども、とにかく投資を受ける。新規に大型で投資してくれる相手を見つける必要がある。調査報道を実践する非営利団体の継続的な拡大を支えるために、新たなモデルも必要になる。その国の必要性や許容度の条件にあった、より実践的な、仮説をたてて検証する訓練が必要になる。地方で調査報道の手法を用いたジャーナリズムを担当する編集者のよき助言者になることが、何よりもまず必要とされるべきだろう。メディア発展途上の地域社会では、専門職能ジャーナリストたちと発展途上世界の乖離に橋を架ける必要もある。その方法は、西洋のメディアで実績を積んできた調査報道担当の編集者たちから提供されるちょっとした専門知をひも解いて見つけるべきだ。それらの人々は、一般的に開発NGOや政府系の寄付者に対しては警戒心が強い。

　これらのすべてにもかかわらず、勇気あるジャーナリストたちの一群は新しい技術を熱心に学び、何週間にもわたる調査に突入していき、勢いをもって成長する強力で不思議な力を身に着けていく。まさに、調査報道の手法によるジャーナリズムの世界的拡散は、以下のような成功物語なのである。すなわち、メディア発展途上のコミュニティは今、10年前にはほとんど想像すらできなかったようなところに、調査チームや進取的ジャーナリズム（enterprising journalism）が存在していることを認め誇るべきなのだ。彼らは、汚職、公約の実行責任、民主化といった課題に大きな影響力を持ち続けている。

志をもった調査報道記者たちの国際ネットワークは、知識や技術を、ますます洗練された広く届く方法で共有し合っている。ほんの一握りの重要な場所において、洗練された調査がいくつかあることで、寄付者たちはこれからの10年にわたって、マックレーキング・ジャーナリズム（暴露型ジャーナリズム）やウォッチドック・ジャーナリズム（権力監視型ジャーナリズム）の方法論に期待できるのである。

すでに実証ずみの実体のある前進に基づいて、この報告書は以下のことを推奨する。

・**調査報道ジャーナリズムの研修プログラムに、より大きな支援を提供する。**

公共的な説明と実行の責任を果たさせ、犯罪や汚職と闘い、ニュースメディア業界の基準の改善を牽引する役割を果たしているにもかかわらず、調査報道はメディア開発のための基金の2％ほどの少ない支援しか受けていない。寄付者は、適切なときはいつでも、調査報道ジャーナリズムの主導者たちへの支援を増やすべきだ。この命に関わるような分野に対する、控えめな寄付金の上乗せであっても、発展途上や変革期の国々にとっては、大きな影響力となりうるのである。

・**調査報道ジャーナリズムをより広範囲にわたるメディア改革に統合する。**

寄付者たちや開発者たちは、以下を確実に実行すべきである。すなわち、予算を提供する国々における主要なメディア開発プログラムに、調査報道の要素を含むこと、そして、より広範囲な主導権にそれらを統合すること、である。調査報道のプログラムは、法制度面での改革、公的情報の自由、データジャーナリズムなどを含んだ、包括的な方法論の一部であるとき、より大きな成功の機会を得る。

・**非政府組織の調査報道ジャーナリズムを支援する。**

政府の公開性と人々への説明と実行の責任をしっかり果たさせる狙いをもった戦略はいずれも、調査報道ジャーナリズムに特化した世界規模の非営

利団体に対する支援を中心にするべきである。これらの組織は、調査報道ジャーナリズムの世界的な拡散と、世界的ジャーナリズムの活発な連携を増強させていくことに極めて重要な役割を果たしてきている。

・**非政府の能力を鍛えるための投資と、歳入の多様性。**

非営利団体の生き残りや成長を確実なものにするために、調査報道ジャーナリズムを担う非営利団体は、企業家的方法を用いるべきであるし、多様な収入源の補強によって許容力を広げるべきである。たとえば、改善されたファンドレイジング、広告メディアの手数料、会員の開拓、訓練や教育、イベント開催、といったことである。寄付者たちは、非営利団体がこういったことができるような能力を伸ばしていけるようなことに、優先して投資していくべきである。

・**異なる国ごとに異なるモデルを考える。**

非営利団体による調査報道ジャーナリズムにはさまざまな規模と機能がある。取材センター、養成機関、職能団体、オンラインネットワーク、寄付機関、などである。寄付者や実行者は、異なる場所では、異なるモデルが適する、ということを理解すべきである。メディア開発グループも、動機でつながる共同開発者であるべきだし、地域メディアを作るべきである。こういった非営利団体が持続的でないような地域においては、特にそうすべきである。

・**世界規模のネットワーク基盤に投資する。**

寄付者や実行者、ジャーナリスト集団、非営利団体は、協働するネットワークやプラットフォーム、世界に張り巡らされたハブ、といった調査報道ジャーナリズムの世界的な「インフラ」の強化に努めるべきである。世界規模の調査報道ジャーナリズムのよりよいネットワークは、取材活動、データベース、養成教育、他の情報源、といったものへの接触を大幅に増やす。すなわち、より広範囲な国境を超えた協働作業や、既存の前進の著しい拡大などである。

・調査報道ジャーナリズムを養成するためのさまざまな会合を支援する。

　調査報道のさまざまな会議は、ジャーナリストたちの訓育とネットワーク化において、最も重要な役割を果たす。特に発展途上の国々のジャーナリストたちが、彼らの取材活動を費用を抑えて効果的に広げていくのを助ける。寄付者たちは、こういった技術に基づく会合の場を、フェローシップや他の助成金を通して、支援すべきである。

・質に基づく評価をする。

　寄付者たちは、調査報道のプロジェクトを評価する際に柔軟であるべきだ。訓練や取材のプロジェクトは、調査報道ジャーナリズムの文化創出を目的としており、評価はその質や影響力に基づいてなされるべきだ。養成した人数や記事化された本数で判断すべきではない。

・高い基準を促進する。

　メディアの専門家や開拓者たちは、調査報道ジャーナリズムのプログラムが、その影響や高い可視化力のために、取材、編集、倫理綱領のいずれにおいても、もっとも高い専門職能としての質をもっている必要があることを認識すべきである。外部の視聴者は、ベテランの調査編集者によって高い基準が示されていることを確認しうる。寄付者たちや開拓者たちは、協働している組織がまさしく調査報道ジャーナリズムに関わっていることを確認しうる。

・地域ごとの調査報道基金を支援する。

　米国の首都ワシントンに拠点をおく調査報道ジャーナリズムのための基金（Fund for Investigative Journalism）や、デンマークを拠点とするSCOOPのプログラムのような、地域に根付いた財団の創設は、寄付者たちによって熟考されるべきである。調査報道ジャーナリストにとって少額であっても、寄付者は比較的少額な投資に対して大きな影響力をもつことができる。しかし、この過程において、高い基準が構築されねばならない。

・調査報道ジャーナリズムの団体を協働させていく。

　調査報道に関する国際的な支援プログラムの運営者や開拓者たちは、専門家を呼び、可能な限り専門家集団のレベルからの助言を受けるべきである。すなわち、調査報道記者編集者協会、調査報道ニュースネットワーク、世界調査報道ジャーナリズムネットワーク、といった団体の運営者や構成メンバーなどによる助言である。

〈注〉

1——Hu Shuli は、World Press Review のインターナショナル・エディター・オブ・ザ・イヤー2003に指名された。同氏についてさらに知りたい場合は、たとえば、以下を参照。Carnegie Endowment for International Peace, "Between Politics and Markets: How is China's Media Evolving?" March 14, 2007,（http://www.carnegieendowment.org/events/index.cfm?fa=eventDetail&id=969&&prog=zch）誘拐の事例については、以下の2点を参照。"Chinese Officials Seized and Sold Babies, Parents Say," August 4, 2011,（https://www.nytimes.com/2011/08/05/world/asia/05kidnapping.html?_r=0）と、"Behind the Discovery of Hunan's Family Tragedy," Caixin Online, May 10, 2011,（http://english.caixin.com/2011-05-10/100257774.html）である。

2——"Diarios Secretos,"（http://www.rpctv.com.br/diariossecretos-english/）、および、""Secret Diaries' receives Global Shining Light Award," October 18, 2011,（http://www.gijn.org/2011/10/18/secret-diaries-receives-global-shining-light-award.）

3——"Anatomy of a Resignation," July 15, 2009, Izvor,（http://www.cin.ba/Stories/AdHoc/?cid=920,1,1)、および、"A Lucky Real Estate Deal," September 4, 2007, Izvor,（http://www.cin.ba/Stories/P15_Railways/?cid=756,1,1）

4——David Anable, "The Role of Georgia's Media—and Western Aid—in the Rose Revolution," Joan Shorenstein Center on the Press, Politics, and Public Policy, John F. Kennedy School of Government, Harvard University, 2006,（http://shorensteincenter.org/wp-content/uploads/2012/03/2006_03_anable.pdf）pp.7-13 参照。

5——Lars Møller and Jack Jackson, Journalistic Legwork that Tumbled a President: A Case Study and Guide for Investigative Journalists, World Bank Institute, 2002, pp.13-18 参照。

6——会議に関するデータは世界調査報道ジャーナリズムネットワークの以下のサイト参照（www.gijn.org）。

7——筆者とのインタビューでの発言（2012年1月12日）。

8——"The Power of Journalism as an Anti-Corruption Tool," Deborah Hardoon, Transparency International, October 31, 2012（http://blog.transparency.org/2012/10/31/the-power-of-journalism-as-an-anti-corruption-tool/）

9——"Equatorial Guinea to Become APRM's 31st Member Wednesday," Afrique en Ligne, Pana, June 29, 2010,（http://www.afriquejet.com/news/africa-news/equatorial-guinea-to-becomeaprm%27s-31st-member-wednesday-2011062916845.html）

10——以下のアフリカ相互評価メカニズムに関する7点を参照。①African Peer Review Mechanism, Country Review Report of the Republic of Ghana, June 2005,（http://www.afdb.org/fileadmin/uploads/

afdb/Documents/Project-andOperations/00798283-EN-APRM-GHANA-REVIEW-REPORT-JUNE-2005.PDF)、②African Peer Review Mechanism, Country Review Report of the Republic of Kenya, May 2006, (http://www.chr.up.ac.za/undp/regional/docs/nepad2.pdf)、③African Peer Review Mechanism, Country Review Report of the Republic of Rwanda, June 2005, (http://www.africaplatform.org/resource/african_peer_review_mechanism_aprm_country_review_report_republic_rwanda)、④African Peer Review Mechanism, Country Review Report: Federal Republic of Nigeria, June 2008, (http://aprmtanzania.org/docs/APRM%20Nigeria%20report.pdf)、⑤African Peer Review Mechanism, Country Review Report: Uganda, May 2008, (http://aprmtanzania.org/docs/Uganda%20CRR.pdf)、⑥African Peer Review Mechanism, Country Review Report: Republic of Benin, January 2008, (http://aprm-au.org/sites/default/files/cr6_benin_eng2008.pdf)、⑦African Peer Review Mechanism, Country Review Report: Republic of Mozambique, July 2010, (http://www.issafrica.org/uploads/APRM_Mozambique.pdf)

11 ── Deterrence of Fraud with EU Funds Through Investigative Journalism in EU-27, Margo Smit, European Parliament, Directorate General for Internal Policies, Policy Department D: Budgetary Affairs.

12 ── 調査報道ジャーナリズムに支出する額は、CIA調査のデータおよび今回の調査で追加した調査報道組織と主要なNGOによる関連プログラムに対する予算の見積もりから得られた。国際的なメディア支援全体の数字は、Empowering Independent MediaのU.S. Efforts to Foster a Free Press and an Open Internet Around the World, Center for International Media Assistance, 2012, p.14より。

13 ── 7つのギャップについては、以下を参照。Mary Myers, Media and Information for Accountability: What are Other Donors Doing, What Works, What are the Gaps?, Department for International Development, United Kingdom, March 2007.

14 ── たとえば以下を参照。 Bruce Etling et al., Mapping the Arabic Blogosphere: Politics, Culture, and Dissent, Internet & Democracy Case Studies Series, Internet & Democracy Project and the Berkman Center for Internet & Society, Harvard University, June 2009, (http://cyber.law.harvard.edu/sites/cyber.law.harvard.edu/files/Mapping_the_Arabic_Blogosphere_0.pdf)

15 ── 筆者によるGordana Jankovicへのインタビューでの発言(2011年12月8日)。

16 ── Committee to Protect Journalistsのデータによれば、ジャーナリスト殺害の原因は、戦争報道が35%、犯罪・汚職報道も35%となっている。

17 ── Empowering Independent Media: U.S. Efforts to Foster a Free Press and an Open Internet Around the World, David E. Kaplan, Center for International Media Assistance, p.14.

18 ── Mary Myers, Media and Information for Accountability: What are Other Donors Doing, What Works, What are the Gaps?, Department for International Development, United Kingdom, March 2007, p.39.

19 ── 筆者によるLowell Bergmanへのインタビューでの発言(2012年12月9日)。

20 ── Mary Walton, "Investigative Shortfall," American Journalism Review, September 2010, (http://www.ajr.org/article.asp?id=4904)

21 ── "L.A. Times will use $1-million grant to expand key beats," May 18, 2012, (http://articles.latimes.com/2012/may/18/news/la-ford-foundation-los-angeles-times-20120517)

22 ── "Ford Foundation Gives Washington Post $500,000 Grant for Government-Accountability Reporting," Poynter, July 30, 2012, (http://www.poynter.org/latest-news/mediawire/183327/ford-foundation-gives-washington-post-500000-grant-for-government-accountability-reporting/)

23 ― "Global Development" website, The Guardian, (http://www.guardian.co.uk/global-development/2010/sep/14/about-this-site)、および、"Gates foundation reaffirms support for global development website," (http://www.guardian.co.uk/help/insideguardian/2011/oct/25/gates-foundationreaffirms-commitment-global-development)
24 ― イリノイ州アーバナシャンペーンにあるイリノイ大学における、調査報道と進取的報道のナイトチェアの座にあるBrant Houstonへの筆者のインタビューより（2007年10月27日）。
25 ― コロンビア大学ジャーナリズム大学院ステイビル調査報道ジャーナリズムセンターのディレクターであるシェイラ・コロネルへの筆者のインタビューでの発言（2007年10月1日）。
26 ― ルーマニア調査報道ジャーナリズムセンターの共同創立者であるPaul Raduへの筆者のインタビューより（2007年9月25日）。
27 ― 組織犯罪・汚職報道プロジェクトのDrew Sullivanへの筆者のインタビューより（2007年11月2日）。
28 ― Drew Sullivanへの筆者のインタビューより（2012年12月9日）。
29 ― Policy and Government Affairs, Internews Network の副会長であるGeorge Papagiannisへの筆者のインタビューにおける発言（2007年9月26日）。
30 ― 国際調査交流会議のメディア開発ディレクターであるMark Whitehouseへの筆者のインタビューにおける発言（2007年8月31日）。
31 ― Myers, Media and Information for Accountability, p.39.
32 ― Aamir Latifから筆者へのEメールより引用（2012年8月22日）。
33 ― "Muckraking Goes Global," Mark Feldstein, American Journalism Review, April/May, 2012, (http://ajr.org/Article.asp?id=5294)
34 ― 中国の調査報道については以下を参照。Investigative Journalism in China: Eight Cases in Chinese Watchdog Journalism, David Bandurski and Martin Hala, eds., Hong Kong University Press, (http://cmp.hku.hk/2010/03/19/5104/)
35 ― 職場における危険については、たとえば以下を参照。"India's wide use of asbestos brings dire warnings," International Consortium of Investigative Journalists, July 21, 2010, (http://www.icij.org/project/dangers-dust/indias-wide-use-asbestos-brings-dire-warnings)。反ムスリム暴動の役人による共謀については、以下を参照。"The Truth: Gujarat 2002," Tehelka, 2008, (http://www.tehelka.com/ story_main35.asp?filename=Ne031107gujrat_sec.asp)
36 ― "The Untold Yugoslavian Arms Trade Scandal," Wobbing, April 26, 2012, (http://www.wobbing.eu/news/untold-yugoslavian-arms-trade-scandal-updated-documents)
37 ― "Brazilian journalists win 2012 Latin American Investigative Journalism Award," Transparency International, (http://www.transparency.org/news/pressrelease/20121015_brazilian_journalists_win)
38 ― "Gutsy Exposés, Undercover Work Win Top Honors at 2012 African Investigative Journalism Awards," Global Investigative Journalism Network, October 31, 2012, (http://www.gijn.org/2012/10/31/gutsy-exposes-undercover-work-earn-top-honors-in-2012-african-investigative-journalism-awards/)
39 ― ヨルダンや紛争前のシリアでのアラブ調査報道記者協会の仕事については、たとえば以下を参照（http://arij.net/en）。
40 ― VVOJ, Investigative Journalism in Europe, pp.244-53.
41 ― 同上, pp.262-63.
42 ― "DynCorp International Helps Fight Corruption by Hosting Investigative Reporting Training for Timorese Journalists," Dyncorp International, September 27, 2012, (http://www.di-atworknow.com/development/investigative-reporting-trainingr-timor-leste)

43—たとえば以下の2点を参照。"Amid Reviews, DynCorp Bolsters Ethics Practices, Washington Post, July 27, 2009,〈http://www.washingtonpost.com/wp-dyn/content/article/2009/07/26/ AR2009072602358.html〉と "The DynCorp 'See No Evil' Monkey," The Huffington Post, February 10, 2012.〈http://www.huffingtonpost. com/david-isenberg/the-dyncorp-see-no-evilm_b_1267479.html〉。

44—Drew Sullivanへの筆者のインタビューより（2007年11月4日）。

45—調査報道ニュースネットワーク〈http://www.investigativenewsnetwork.org/〉

46—国際調査報道ジャーナリスト連合〈http://www.icij.org〉

47—調査報道ジャーナリズムネットワーク〈http://www.gijn.org〉

48—Brant HoustonとのEメールのやりとりから引用（2012年12月5日）。

49—調査報道記者編集者協会〈http://www.ire.org〉

50—調査報道ジャーナリズムネットワーク、Arizona Projectについてさらに知りたい場合は、以下を参照〈http://legacy.ire.org/ history/arizonaproject.html.〉。

51—調査報道ジャーナリズム基金〈http://fij.org/〉

52—調査報道ジャーナリズム基金の歴史についてさらに知りたい場合は、以下を参照〈http://fij.org/about〉。

53—SCOOP〈http://i-scoop.org/scoop/about-us/〉

54—SCOOPについては以下を参照、国際メディアサポート〈http://www.i-m-s.dk/files/publications/Annual%20Report%202010-final.pdf〉。アフリカ調査報道プログラムについては下を参照〈http://www.i-m-s.dk/areas/africa/pair/〉。

55—調査報道ジャーナリズムのための欧州基金,〈http://www.journalismfund.eu〉

56—"A Second Look: The New Journalism Ecosystem," Investigative Journalism Workshop, August 21, 2012,〈http://investigativereportingworkshop.org/ilab/story/second-look/〉。調査報道ニュースネットワークのメンバーのプロフィールについては、以下を参照〈http://www.investigativenewsnetwork.org/members〉。

57—インタビュー、ニュース記事からの引用。アメリカ合衆国の団体については、米国国税庁に提出する納税証明書「書式990」より。「公共の高潔さのためのセンター」については、たとえば以下を参照、"Something's Fishy,"Columbia Journalism Review, July/August 2012,〈http://www.cjr.org/feature/something_fishy.php?page=all〉。調査報道センターについては以下を参照、"It's official: Bay Citizen, Center for Investigative Reporting will merge," Poynter, March 27, 2012,〈http://www.poynter.org/latest-news/mediawire/167907/its-official-bay-citizen-center-for-investigative-reporting-will-merge/〉。

58—米国を拠点とする協会である調査報道ニュースネットワークは、メンバー団体に対して、基金集めや寄付に関する彼らの方針をオンライン上に投稿するよう求めている。1000ドル以上の寄付者全員の氏名の開示、米国国税庁に提出した各団体の「書式990」またはそれと同等の予算・給与情報をオンライン上に投稿すること。"Member Benefits," Investigative News Network,〈http://www.investigativenewsnetwork.org/about/member-benefits〉

59—国際調査報道ジャーナリスト連合のプログラムマネージャーであるJody McPhillipsからのEメールより（2007年9月28日）。

60—調査報道センターのシニアエディターとしての1980年代 の筆者の経験に基づく。

61—World Journalism Education Census,〈http://wjec.ou.edu/census.php〉

62—"Spain's First-Ever Investigative, Data Journalism Master's Program To Launch In Fall," 10,000 Words, May 29, 2012,〈http://www.mediabistro.com/10000words/spain-gets-first-everinvestigative-data-journalism-masters-program-google-provides-scholarships_b13412〉

63 ── UNESCO, Model Curricula for Journalism Education for Developing Countries & Emerging Democracies, 2007, (http://unesdoc.unesco.org/images/0015/001512/151209E.pdf), pp.68-80.

64 ── Story-based Inquiryについては以下を参照。(http://www.unesco.org/new/en/communication-and-information/resources/publications-and-communication-materials/publications/full-list/story-basedinquiry-a-manual-for-investigative-journalists/)、同邦訳は『調査報道実践マニュアル──仮説・検証、ストーリーによる構成法』旬報社、2016年。比較事例集としては、以下などを参照。(http://www.unesco.org/new/en/communication-and-information/resources/publications-and-communication-materials/publications/full-list/the-global-investigative-journalism-casebook/)

65 ── Investigative Reporter's Handbookは以下を参照。(http://store.ire.org/collections/books/products/the-investigative-reporters-handbook-5th-edition)

66 ── 国際調査報道ジャーナリスト連合のハンドブックは、以下を参照。(http://www.icfj.org/resources)

67 ── Investigative Journalism Manual は以下で入手できる。(http://fairreporters.net/ij-manuals/)

68 ── "Extortion Arrests Fuel Credibility Crisis for India Media,"世界調査報道ジャーナリズムネットワーク(http://www.gijn.org/2012/12/04/extortion-arrests-fuel-credibility-crisis-for-indiamedia/)

69 ── Lewis, The Growing Importance of Nonprofit Journalism, pp.36-37.

70 ──「倫理……は全てのプログラムに組み込まれるべきである」とCIMAのワーキンググループは結論づけた。以下を参照。Center for International Media Assistance, Media Assistance: Challenges and Opportunities for the Professional Development of Journalists, National Endowment for Democracy, July 25, 2007, (http://www.ned.org/cima/reports.html) p.6.

71 ── Macdonell, "The World Bank and Investigative Journalism."

72 ── Patrick Butlerへの筆者のインタビューでの発言(2007年8月29日)。

あとがき

別府三奈子

1　J-Freedom のプロジェクト

　J-Freedom。これは、本書の出版を企画したジャーナリズム研究チームのキーワードであり、共通理念でもある。ジャーナリズム研究を通して、社会的自由を探求し、人間の幸福に寄与したい。林利隆（故人、日本新聞協会や早稲田大学に所属）、藤田博司（故人、共同通信社や上智大学に所属）をはじめ、この志を同じくするジャーナリズムの研究者と実践者の交流は、すでに20年を超える。この交流の中から、J-Freedomのプロジェクトがいくつも生み出されてきた。本書の出版も、それらのプロジェクトの一つである。

　プロジェクトの中心者は、花田達朗（現・早稲田大学教授）である。花田は、ドイツの留学時代にドイツの学術的文化のなかでハバーマスの公共圏概念を直接学び、日本で公共圏論を展開してきた社会学者である。人を苦しめ、人を不自由にしている問題を社会的に共有し、解決の途を切り拓こうとするなら、情報社会はどうあればいいのか。この課題を、探求し続けている。

　花田の研究手法は、実社会を観察し、仮説を立てて実験を試み、その結果を通して、次の仮説を立て、さらに実験を繰り返すものである。結果として、実社会に生きるジャーナリストと深く関わり、ジャーナリズムの機能不全について、原因の分析と改善の処方箋を書き続けている。花田の実験研究は、花田が林利隆の遺志をつぐために東京大学から早稲田大学へ移り、早稲田大学ジャーナリズム教育研究所（現、早稲田大学ジャーナリズム研究所）を2007年に立ち上げて以降、多角化が進んだ。

　研究所立ち上げ当初の研究報告書には、今も一貫している花田の問題意識が、以下のように記されている。

　「メディア・システムの構造的変化の中で従来のマスメディアとジャーナリズムの関係は大きく変わりつつある。それをわれわれはジャーナリズムの方を中心にして捉え、ジャーナリズムの再構築を問題とし、課題とする。どこに再構築の可能性があるのか、どこに矛盾や隘路があるのか。そのことを考

えると、ジャーナリズムの担い手たるジャーナリストの置かれた位置に関心が向かわざるをえない。そして、そのプロフェッション、またプロフェッショナリズムがテーマとなり、その先に「教育」という問題が浮上する。我々の視座はジャーナリスト教育というイッシューに実践的にアプローチするところから、逆に遡って今日のジャーナリズムの課題を理論的に解明し、また実践的な認識に至ろうとするものである。」（科学研究費補助金・研究成果報告書「ジャーナリズム構築力の周縁からの形成をめざすジャーナリスト教育の研究開発（2008年5月）」、1頁）。

2　記者養成教育の変質と再構築の必要性

　今日、国境を越えて広がる社会問題、たとえば、地球環境の変化、難民、紛争、経済格差による搾取などの問題を解決するために、各国各地で多くのジャーナリストたちが、調査報道の手法を取りいれたジャーナリズムの試みを重ね、功を奏している。調査報道ジャーナリズムの活性化は、社会問題を解決するための手法として、期待できる数少ない選択肢のひとつである。しかし、日本で語られている「調査報道」には多くの誤解があり、存在感もあやふやで、未成熟である。

　調査報道ジャーナリズムの国際最先端動向を観察してきた花田は、国際的に通用する調査報道ジャーナリズムの手法と、市民や民間財団の寄付が主体となっている調査報道ジャーナリズムの国際支援の現状を伝えるために、本書と、本書の姉妹書『調査報道実践マニュアル─仮説・検証、ストーリーによる構成法』（旬報社、2016）を出版しようと思い立った。書籍を通して、記者の養成教育を提供し、実践を促そうとの試みである。

　今日の日本で記者と呼ばれる人たちの養成教育は、日本の敗戦後、占領軍によって本格化した。GHQは、日本の民主化にとって不可欠な、民主主義社会を理解した記者を養成するために、大学に新聞学講座を作らせた。早稲田大学、中央大学、上智大学、日本大学など、戦前から新聞学教育の芽があったところを中心として、てこ入れしていった。米国の大学教員たちを日本に連れてきて、模擬授業をさせたりもした。

　たとえば、新聞学の模擬授業をしている教室にいきなり銃を持った暴漢が乱入する。驚愕し慌てふためいている学生たちに、来日したF. L. モットは、

今の出来事をニュース記事にせよ、と指示する。実に具体的な、米国流のニュース・ライティングの教授法である。米国では20世紀初頭からすでに、ジャーナリストの養成教育法について研究がなされ、1940年代には全米で基準化されたジャーナリスト養成教育のパッケージ・カリキュラムを開発・浸透させている。政治・経済・国際情勢・歴史・社会問題・会社法・人権といった社会の成り立ちを理解するための広範囲にわたる一般教養科目群と、ジャーナリズムの歴史や倫理、言論法のしくみ、マス・コミュニケーション理論といったいくつかの専門科目と、記事の取材、執筆、編集、特集企画などの方法を体得する実践演習科目、さらに、大学新聞社、大学放送局などでの実技を組み合わせたもので、多くの科目を第一線のジャーナリストが担当する。この教授法を日本にも輸入しようとしたのである。

　GHQの撤収後、いくつかの日本の大学で新聞学教育が続いた。やがて、大学学生新聞が日米安保闘争や反ベトナム戦争を展開する学生運動にくべる薪の役割を担うことになる。学生運動は沈静化され、大学学生新聞も存在感が薄くなり、教育の場は縮小していった。ジャーナリズム研究は、所得倍増を志向するメディア社会に即したマス・コミュニケーション研究や戦時・占領期プロパガンダ研究の広がりと好対照をなす地味な存在となっていった。記者養成教育は、メディア企業内でのオン・ザ・ジョブ・トレーニングに場を移し、内容は社風を取り込んだ企業人としての記者養成に変質した。

　J-Freedomの研究チームの問題意識は、日本での社員記者と、場合によっては企業経営者やその経営者たちの属する財界や政界の暴走を監視・暴露せねばならないジャーナリズムの使命との間の構造的な矛盾に由来する。その矛盾は、強力な宅配制によって発行部数が守られている新聞編集局の弱さ、編集権が現場ではなく経営者に属する日本の企業ジャーナリズムの限界、取材先との距離感覚を失わせる記者クラブ制度などの問題につながっている。

　J-Freedomの研究チームは、これらの問題を研究するとともに、日本の記者養成教育が企業内に吸収される途上で失ったものを明らかにするために、記者養成法の研究と実験を重ねてきた。授業で実験を続け、やがて研究者と実践者が共同担当する授業形態を開発した。それを、早稲田大学の全学

部生に開かれたオープン教育センター（現、グローバルエデュケーションセンター）の科目群として、座学や演習科目の形で提供している。毎年、数百人が概論を履修し、その後の演習科目などを経て、毎年何人もの学生たちが全国で記者となっている。それらの教授法開発の一環で、これまでに『レクチャー現代ジャーナリズム』『エンサイクロペディア　現代ジャーナリズム』（ともに早稲田大学ジャーナリズム教育研究所編、2013年）などを出版してきた。

3　世界で共有され、共鳴しあう専門知

　本書は、こういった記者養成教育の試みの一環でもある。日本のメディア企業で調査報道を試みようとする記者たち、大学教育の場に来られない全国の学生たち、調査報道の手法を試みようとする市民たち、調査報道ジャーナリズムを応援しようとする市民たちに、専門知識を提供しようとする、いわば青空教室の一つともいえる。

　本書第Ⅰ部の論稿は、前述の花田のほか、米国ジャーナリズム規範史研究を専門とする別府と、メディア倫理法制の研究者である大塚一美が担当した。別府は10年ほど日本と米国のメディア制作の現場に携わった後に大学研究職に移り、国際比較の手法で社会的記録とジャーナリズムの関係性を研究している。大塚は、日本におけるメディア法研究の一翼を担ってきた田島泰彦の門下生で20年近く研究を続けている。本書の第Ⅱ部は、調査報道のグローバルネットワークづくりを開拓してきたD.E.カプラン世界調査報道ジャーナリズムネットワーク（GIJN）会長の手による手引書の本文を翻訳したもので、翻訳は別府と大塚が分担した。

　本書の出版準備は、2016年春に花田の発案で急きょ始まった。非常にタイトな制作時間にもかかわらず、本書の出版が実現したのは、企画趣旨を深く理解して下さった旬報社の木内洋育社長の手腕ゆえである。心より感謝したい。

　本書を通じて、調査報道ジャーナリズムの実践体験を語る世界各地の人びとと、日本の読者をつなぎたい。今、ここで、できることのヒントを見つけ、挑戦して欲しい。たったひとりの記者、研究者、出版人、NPO、寄付者、そして、さまざまな立場の市民……。こういった人たちの調査報道ジャ

ーナリズムに携わる意志の総体が、世界各地で社会の問題を掘り起こしている。本書でみてきたように、市民の多層的な国際ネットワークが、国家や企業といった既存組織体の枠を超えて、記者の養成環境を創出し、調査報道ジャーナリストを輩出している。遠くない将来、日本の記者たちの新たな挑戦が、調査報道ジャーナリズムの果敢な成功事例として、世界に紹介される日が来ることだろう。

　2016年秋

[著者紹介]

花田達朗（はなだ・たつろう）
早稲田大学教育・総合科学学術院教授。同大学ジャーナリズム研究所長。東京大学大学院情報学環教授を経て、現職。専門は社会学、メディア研究、ジャーナリズム研究。ジャーナリスト養成教育も行なってきた。著書に『公共圏という名の社会空間——公共圏・メディア・市民社会』（木鐸社）、『メディアと公共圏のポリティクス』（東京大学出版会）など。

別府三奈子（べっぷ・みなこ）
上智大学大学院修了（博士　新聞学）。現在、日本大学大学院新聞学研究科／法学部教授。日本と米国で10年ほどメディア制作の現場に携わった後、研究職。専門は、米国ジャーナリズム規範史、フォト・ジャーナリズム研究。記憶と記録とジャーナリズムの関係性を国際比較研究している。主著『ジャーナリズムの起源』（世界思想社）ほか。

大塚一美（おおつか・かずみ）
上智大学大学院修了（博士　新聞学）。『記者の取材源秘匿に関する研究』で博士号を取得。現在、山梨学院大学、成蹊大学等で非常勤講師。専門は情報法、メディア倫理法制。大学時代よりジャーナリズム活動に関わる法律に関心を持ち研究を続ける。共著に『表現の自由とメディア』（日本評論社）、共訳に『スノーデン・ショック』（岩波書店）など。

デービッド・E・カプラン（David E. Kaplan）
世界調査報道ジャーナリズムネットワーク（GIJN）の会長（Director）。調査報道ジャーナリストとして30年以上のキャリアがあり、20数カ国から報じ、25以上の賞を受賞した。1980年代から非営利ニュース組織のモデルの開発に従事してきた。2000年代にはCenter for Public Integrity（CPI）の編集担当理事やInternational Consortium of Investigative Journalists（ICIJ）の会長（Director）を務めた。

調査報道ジャーナリズムの挑戦
――市民社会と国際支援戦略

2016年12月10日　初版第1刷発行

著者	花田達朗、別府三奈子、大塚一美、デービッド・E・カプラン
発行者	木内洋育
ブックデザイン	宮脇宗平
発行所	株式会社 旬報社 〒112-0015 東京都文京区目白台2-14-13 TEL 03-3943-9911　FAX 03-3943-8396 ホームページ http://www.junposha.com/
印刷製本	中央精版印刷株式会社

ISBN978-4-8451-1485-6　Printed in Japan

旬報社　ジャーナリズムの本

調査報道実践マニュアル
仮説・検証、ストーリーによる構成法

マーク・リー・ハンター［編著］
高嶺朝一、高嶺朝太［訳］

パナマ文書報道などでますます関心の高まる調査報道ジャーナリズム。世界各国で翻訳され、国際的にも評価の高い調査報道マニュアルを初めて邦訳。現役ジャーナリスト、ジャーナリスト志望者必携の書。本体1500円＋税

権力に迫る「調査報道」
原発事故、パナマ文書、日米安保をどう報じたか

高田昌幸、大西祐資、松島佳子［編著］

原発事故、パナマ文書、日米安保など激動の時代に刻まれたスクープの数々。第一線で活躍する国内外のジャーナリストが登場し、その驚くべき舞台裏とノウハウを明らかにする。ジャーナリズムの未来は調査報道にある。本体1800円＋税